Les abat-jour

Je dédie ce livre à mes parents.
N.M.

Direction éditoriale : Christophe Savouré
Édition : Valérie Monnet et Aude Mantoux-Nicolas
Direction artistique : Danielle Capellazzi assistée de Carole Dumas
Conception graphique et réalisation : Viviane Roch
Photographies : Olivier d'Huissier
Illustrations : Viviane Roch
Fabrication : Catherine Maestrati

Dépôt légal : septembre 2004
Photogravure : Goustard
Imprimé en France par Pollina, 85400 Luçon - n° l93667
ISBN : 2-215-07123-0
2e édition. N° d'édition : 92412

Nicole Marsault

Les abat-jour

Techniques et créations

EDITIONS FLEURUS

Éditions Fleurus, 15-27, rue Moussorgski, 75018 Paris

SOMMAIRE

Étant enfant, je passais des heures dans l'atelier de mon père, menuisier ébéniste, à l'observer travailler. Dessiner, façonner... tous ces gestes m'étaient familiers. Mais, je ne savais pas encore qu'à mon tour, j'aurais envie, un jour, de me confronter à la matière. Je ne savais pas encore que j'aurais envie de m'exprimer à travers ce qui est devenu depuis une véritable passion : la réalisation d'abat-jour.

Cette fibre créatrice s'est révélée brusquement, au moment où j'ai entrepris de décorer ma maison, et donc d'imaginer mon lieu de vie. Au hasard de mes trouvailles, j'ai commencé à transformer des objets de récupération en lampes, à choisir et à fabriquer l'abat-jour le plus approprié pour chaque forme, chaque style. À l'aide de mon compas d'écolière, pourtant plus habitué à ébaucher des rosaces, je traçais des courbes, des ondulations, des festons. J'élaborais là mes tout premiers modèles. Petit à petit, j'ai voulu concevoir moi-même les pieds de lampe sur lesquels ces abat-jour seraient montés. J'ai expérimenté le travail du bois, du fer forgé, en veillant toujours à harmoniser les volumes pour que l'abat-jour soit mis en valeur.

Mon intérieur serait devenu un véritable musée si, il y a maintenant douze ans, je n'avais pas éprouvé le besoin de partager et d'enseigner ma passion à d'autres personnes.

Aujourd'hui, c'est à vous, lecteur, que je m'adresse, afin que vous puissiez découvrir une approche différente de la réalisation des abat-jour. Dans ce livre, vous trouverez des modèles originaux et à la fois faciles à exécuter, adaptables à tous les styles de décoration. Papier, tissu, rabane et autres matériaux, rien ne vous résistera ! Qu'il s'agisse d'embellir votre intérieur, ou d'offrir un cadeau très personnalisé, votre inventivité pourra s'exprimer pleinement. Chaque occasion deviendra pour vous un nouveau sujet d'inspiration.

L'objet lumineux est unique ! À lui seul, le moment venu, il transforme l'ambiance d'un lieu. Le réaliser de ses propres mains est une aventure passionnante, qui vous mène de découverte en découverte. Laissez-vous entraîner. À n'en pas douter, votre imagination vous fera connaître autant de joie que j'en éprouve moi-même lorsque je crée un nouveau modèle.

Nicole Marsault

MATÉRIEL UTILE

L'OUTILLAGE

La réalisation d'abat-jour ne nécessite pas un outillage professionnel très spécifique et par conséquent coûteux. Cependant, les outils les plus couramment utilisés, tels que les ciseaux, devront être de bonne qualité. Un entretien régulier entre chaque utilisation est conseillé afin de retirer toute trace de colle.

PLAN DE TRAVAIL

Il est essentiel d'être bien installé et de travailler le plus près possible de la lumière du jour. L'idéal est de pouvoir disposer d'une grande table adossée contre un mur pour tracer facilement les patrons et dérouler le polyphane sans craindre de le casser. Une table à repasser, recouverte d'un molleton, sera utilisée pour le plissage du polyphane. Enfin, le plan de travail devra se situer à bonne hauteur et être protégé pour éviter toute tache de colle, de peinture ou de cirage.

OUTILS DE COUPE

- **Une paire de ciseaux droits** suffisamment forts et bien aiguisés pour la découpe du polyphane, des tissus et des papiers.

- **Une paire de ciseaux courbes** pour réaliser des découpes arrondies ou plus délicates.
- **Une ou plusieurs paires de ciseaux à découpe fantaisie** pour réaliser des crans, des festons, etc.

OUTILS DE TRAÇAGE

- **Une règle métallique** de 50 cm et **un réglet** de 30 cm. Ils serviront au calcul des dimensions.
- **Une équerre lourde** de 25 cm pour marquer plus facilement les traits au plioir. Elle sera également utile pour la réalisation des pieds de lampe.
- **Une équerre et un rapporteur** en plastique transparent qui permettront de réaliser soi-même certains patrons.
- **Un compas** traditionnel.
- **Un mètre ruban avec pointe** pouvant tracer de grands arcs de cercle.

RECOMMANDATIONS

PETIT OUTILLAGE

- **Un crayon à papier HB** pour tracer ou reporter les patrons sur le polyphane.
- **Une gomme blanche.**
- **Un plioir** en plastique ou en os. Il permet de réaliser des plis dans le polyphane.
- **Des pinces à linge** de préférence en bois. Elles serviront à maintenir l'abat-jour à la carcasse lors du collage.
- **Une perforatrice** à un trou.
- **Des aiguilles de couturière et du fil** pour certaines finitions.
- **Un petit tournevis plat** pour les montages électriques.
- **Plusieurs réducteurs** pour petites douilles.

LES MATÉRIAUX

COLLES ET ADHÉSIFS

- **La colle vinylique blanche.** Achetez-la en tube avec un bec pointu pour le collage des tissus et des passementeries.
- **La colle claire.** Choisissez-la spéciale pour abat-jour. Elle servira au collage du polyphane sur la carcasse.
- **La colle de contact à prise ultrarapide** (type colle époxy à prise 90 s). Ce type de colle sera utile pour le montage de certains pieds.
- **Un rouleau de ruban adhésif double face extra-fort** (largeur = 9 mm) pour fermer les abat-jour.
- **Du papier adhésif double face** en feuille ou en rouleau (type Gudy) pour l'application de motifs décoratifs découpés dans du tissu ou du papier.

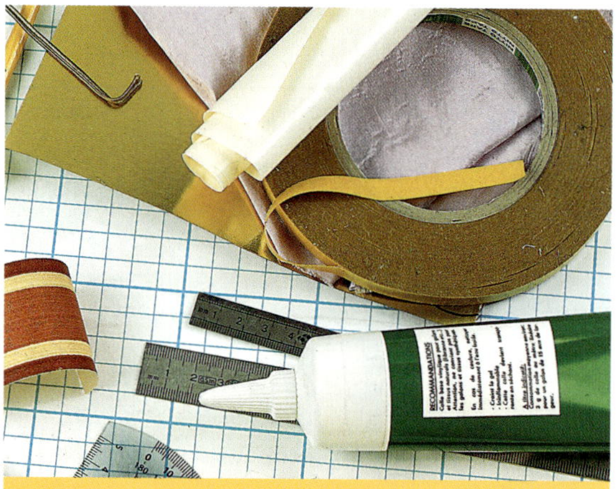

MATÉRIAU DE BASE : LE POLYPHANE

- Le polyphane est un support adhésif plastifié d'épaisseur variable. C'est l'élément de base de l'abat-jour sur lequel on colle le matériau d'habillage (papier ou tissu). Le polyphane assure à l'abat-jour toute sa rigidité et permet de réaliser de multiples modèles, du plus simple au plus original.
- L'épaisseur du polyphane est déterminée en fonction de la taille mais aussi de la forme de l'abat-jour. Une épaisseur de 25/100 sera utilisée pour les abat-jour de petit diamètre et pour les plissés. Les épaisseurs de 30/100 ou de 35/100 conviendront davantage à des abat-jour rigides tels que les modèles découpés, maintenus uniquement par une armature supérieure, et les godrons.

- Avec son film protecteur (côté adhésif), en papier ou en plastique, quadrillé au centimètre en bleu, ce matériau est très facile à utiliser. Toutefois, quelle que soit son épaisseur, il reste fragile et doit donc être manipulé avec précaution pour éviter toute marque de cassure.

- Le polyphane existe en blanc ou en doré et se présente en rouleau de 1,20 m de large. Il est vendu au détail. Pour les grands abat-jour, il est préférable de préparer le patron au préalable afin de bien connaître la quantité nécessaire.

MATÉRIAUX D'HABILLAGE

Un abat-jour doit garder une certaine transparence pour diffuser correctement la lumière, une fois éclairé. S'il est parfois tentant d'utiliser un reste de doubles rideaux ou de papier peint, il faut savoir que dans ce cas, l'abat-jour sera essentiellement décoratif car il perdra de son utilité une fois illuminé.

- **Les tissus.** Il est conseillé de choisir des tissus naturels tels que le coton, le lin ou les soieries dont les couleurs chatoyantes donneront un éclat supplémentaire à la lampe. Les fibres synthétiques, qui adhèrent bien moins au polyphane, risquent de cloquer au collage et ne permettent pas de réaliser des rabats bien nets.

  Des matières naturelles, telles le chanvre ou la rabane, peuvent également être utilisées. Dans ce cas, mieux vaut effectuer auparavant un essai de collage sur le polyphane. Il est possible de renforcer la qualité du collage en ajoutant des petits morceaux de ruban adhésif double face extra-fort.

  Avant d'acheter un tissu, il est prudent de vérifier que ce dernier ne comporte aucun défaut. Une fois acheté, enroulez-le au plus vite sur un tube de carton pour éviter toute pliure difficile à faire disparaître, même au repassage.

  Il est fortement déconseillé de nettoyer un abat-jour en tissu. Une petite tache due à un insecte, par exemple, est préférable à une auréole d'eau ou de produit nettoyant.

- **Les papiers.** Il existe une quantité importante de papiers de différentes épaisseurs pouvant donner un bel effet à vos abat-jour. Les papiers utilisés en encadrement et en cartonnage offrent de nombreuses possibilités, tant pour le décor que pour la simplification des finitions.

  Toutefois, l'abat-jour réalisé avec du papier est limité en taille. Dans les formes coniques, aucun raccord ne pourra être envisagé. En revanche, dans les formes godronnées, le raccord pourra se dissimuler dans un creux.

MATÉRIAUX DE FINITION

- **Le ruban de coton ou le gros-grain** (ruban d'aspect satiné, de 15 mm de large, utilisé en chapellerie). Pour une finition parfaite des abat-jour en tissu, on sertira le haut et/ou le bas avec un de ces rubans.
- **Le lacet ou la soutache** (passementerie en coton de 3 mm de large). L'un et l'autre permettront de former des liens pour attacher l'abat-jour à la carcasse, ou encore de réaliser des décors à coller sur l'abat-jour.
- **Les fleurs artificielles.** En papier ou en tissu, elles formeront un joli décor.

PATINE DES PIEDS DE LAMPE

- Un pinceau rond et pointu (Ø = 15 mm).
- Un pinceau brosse (largeur = 10 mm).
- Un pinceau usagé pour l'application de la patine.
- De la peinture acrylique (lavable à l'eau) à séchage rapide.
- Une petite brosse et du cirage noir.
- Du papier de verre à grain fin et à gros grain.

L'ARMATURE DE L'ABAT-JOUR

L'armature, appelée aussi carcasse, est le squelette de l'abat-jour. Elle est réalisée en fil d'acier recouvert de cuivre, dont le diamètre peut mesurer de 2,2 à 4 mm d'épaisseur. Elle peut prendre des formes très diverses, simples ou originales.

Les formes les plus rudimentaires pourront supporter des abat-jour rigides, tandis que les formes les plus élaborées, souvent commandées sur mesure, s'adapteront davantage à des abat-jour cousus.

Quel que soit le modèle, il est conseillé de choisir une carcasse pré-peinte, pour éviter tout problème ultérieur de rouille.

Les abat-jour de cet ouvrage ont été réalisés avec les armatures suivantes :

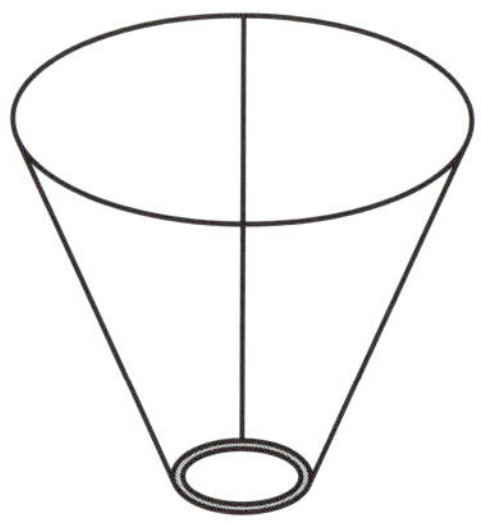

TÊTE RONDE EN « V »

(Ø = 9 cm ; 10 cm ; 12 cm ; 14 cm)

Le cercle de cette tête est maintenu par trois montants verticaux et se termine par un jeton (une bague s'appuyant sur la douille). Il existe dans de nombreuses dimensions.

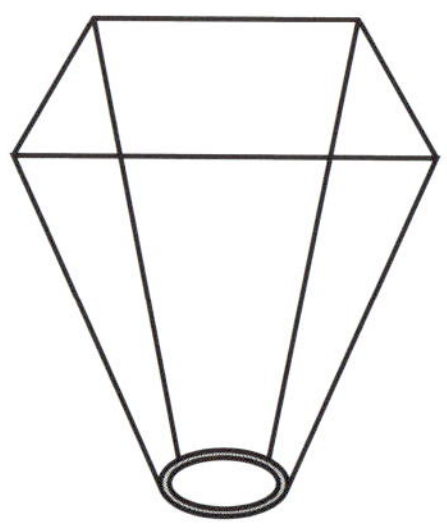

TÊTE CARRÉE EN « V »

(dimensions : 8 x 8 cm)

La tête est maintenue ici par quatre montants verticaux.

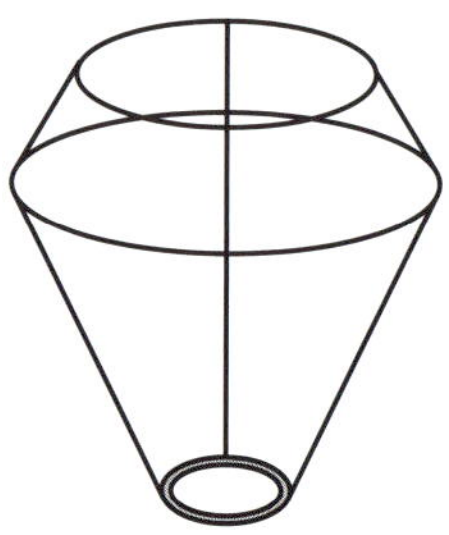

CARCASSE DOUBLE POUR ABAT-JOUR PLISSÉS

(Ø supérieur = 10 cm ; Ø inférieur = 12 cm)

Elle est composée de deux cercles de diamètres différents, maintenus par trois montants verticaux. Le cercle inférieur est plus large, pour permettre d'écarter les plis.

PINCE POUR AMPOULE

(Ø = 6 cm ; 7 cm ; 8 cm)

L'armature est composée d'une pince reliée à un cercle par une tige horizontale. La pince se positionne directement sur une ampoule électrique. Ses branches sont, soit rondes pour s'adapter à une ampoule ronde, soit longues pour s'ajuster à une ampoule flamme.

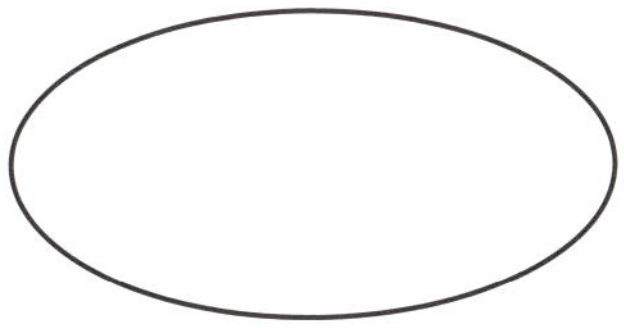

CERCLE NU

(Ø = 35 cm)

Ce type de carcasse très simple existe dans de nombreuses dimensions, variant de 5 cm en 5 cm.

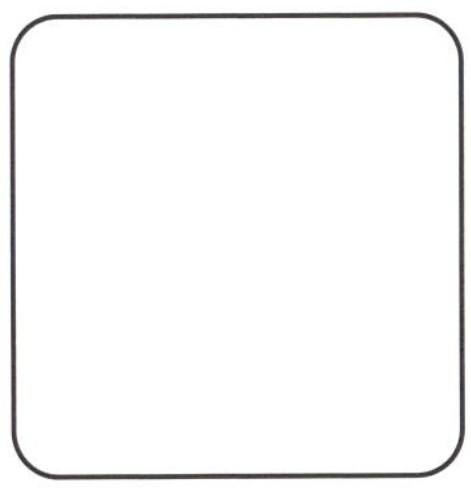

CARRÉ NU

(dimensions : 30 x 30 cm)

La forme carrée de cette carcasse est adoucie par l'arrondi de ses angles.

Conique

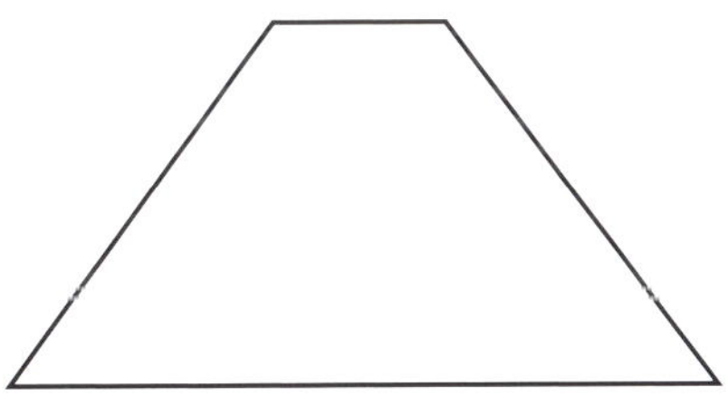

Classique

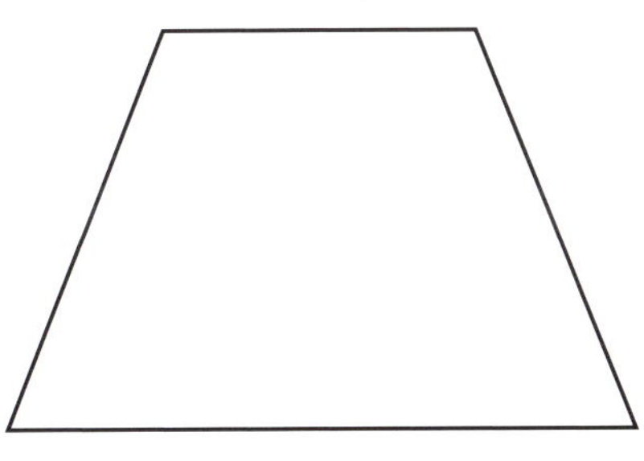

DIMENSIONS D'ABAT-JOUR LES PLUS COURAMMENT UTILISÉES

Conique (en cm)	Classique (en cm)
15 x 7 x 11	15 x 7 x 12
20 x 7 x 12	20 x 10 x 15
25 x 7 x 14	25 x 12 x 18
30 x 8 x 16	30 x 15 x 21
35 x 9 x 19	35 x18 x 23
40 x 10 x 21	40 x 20 x 28
45 x 11 x 23	45 x 22 x 30
50 x 13 x 25	50 x 25 x 35
55 x 14 x 28	55 x 30 x 38
60 x 16 x 30	60 x 32 x 40

Ces dimensions peuvent varier en fonction de la hauteur et du volume du pied de lampe.

RÉALISER UN PATRON D'ABAT-JOUR

À la fin de ce livre, sont regroupés tous les patrons des réalisations proposées et de leurs variantes. Cependant, il semblait utile d'apprendre également à confectionner un patron, afin que chacun puisse, par la suite, concevoir ses propres modèles. L'exemple choisi ici correspond au patron d'un abat-jour conique, de dimensions usuelles.
Cet abat-jour, certainement le plus connu de tous, a une forme simple, resserrée ou très évasée. Il est maintenu par deux armatures : une tête et un cercle nu à la base.

MATÉRIEL

- GRANDE FEUILLE DE PAPIER FORT (OU PAPIER PEINT)
- RÈGLE, ÉQUERRE, RAPPORTEUR
- CRAYON À PAPIER
- COMPAS (OU MÈTRE-COMPAS AVEC POINTE)
- CISEAUX DROITS ET CISEAUX COURBES

DIMENSIONS

- Les dimensions s'écrivent de la façon suivante : 35 x 9 x 19 cm.
- Par commodité, nous utiliserons un demi-patron en divisant le diamètre des cercles par deux, ce qui correspond au rayon. La hauteur restant inchangée, on obtient donc un patron de 17,5 x 4,5 x 19 cm.

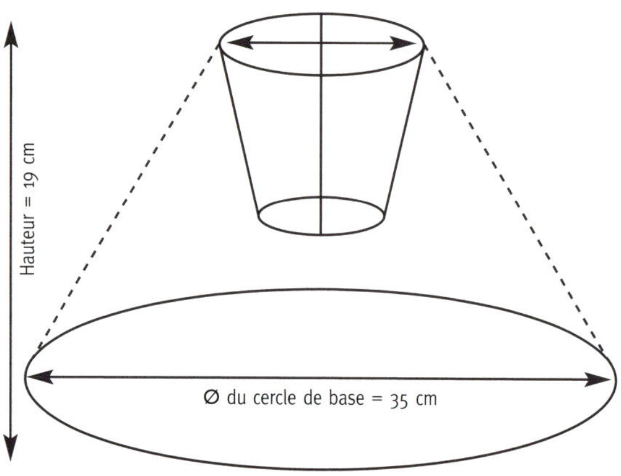

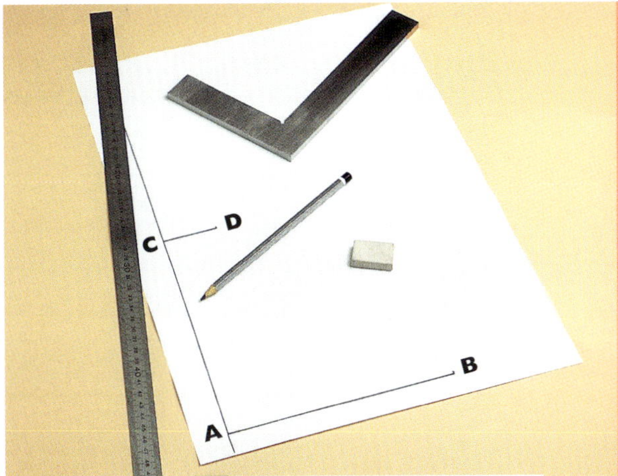

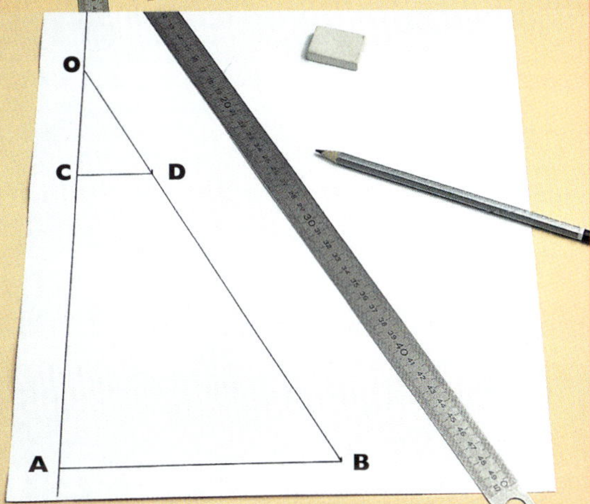

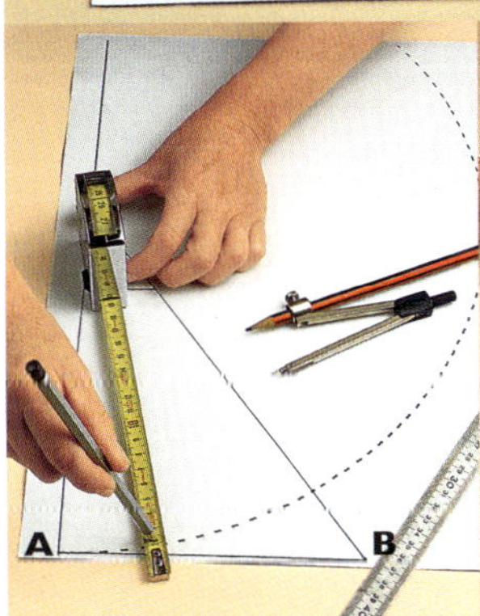

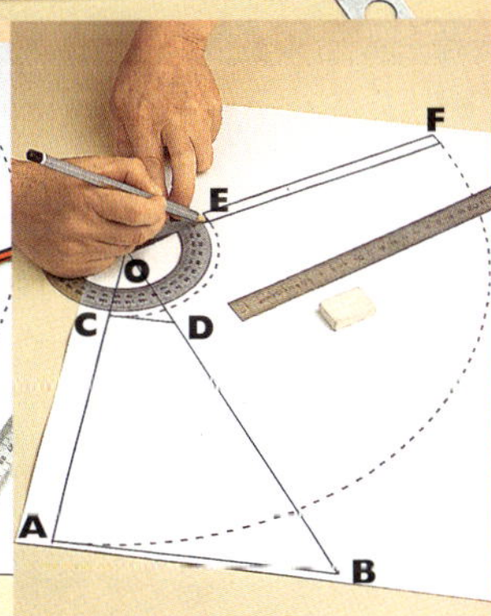

RÉALISATION

1

- Tracer un trait vertical parallèle au bord gauche de la feuille. À l'aide de l'équerre, tracer ensuite un trait horizontal de 17,5 cm, parallèle au bord inférieur de la feuille (17,5 cm = rayon du cercle de base). Appelons ce tracé AB.
- Sur le trait vertical, marquer un point C à 19 cm du point A (19 cm = hauteur). À partir du point C, tracer un trait horizontal perpendiculaire et marquer un point D à 4,5 cm. (4,5 cm = rayon du cercle de tête).

2

- Tracer une diagonale reliant D à B et la prolonger jusqu'au point O. L'angle d'ouverture de l'abat-jour est calculé à partir de ce point O.

Calcul de l'angle :

$$\frac{(\text{rayon du cercle de base} - \text{rayon du cercle de tête}) \times 180^\circ}{\text{hauteur}}$$

$$\frac{(17{,}5 - 4{,}5) \times 180}{19} = 123{,}16\text{, c'est-à-dire } 123^\circ$$

3

- Placer la pointe du mètre-compas sur le point O et tracer deux arcs de cercle : le premier à partir du point A et le second à partir du point C.

4

- Placer le centre du rapporteur sur le point O de l'angle. Basculer le rapporteur jusqu'à 123° et marquer le point E.
- Tracer un trait partant du point O jusqu'au point E et le prolonger jusqu'au grand arc de cercle. Le point de jonction de ces deux traits est le point F. Ajouter alors 1 cm pour le rabat, comme sur le dessin.

5

- Découper le demi-patron en utilisant les ciseaux courbes pour les arcs de cercle.

RÉALISER
UN ABAT-JOUR

Avant de commencer, il est important de se familiariser avec les différentes étapes du montage d'un abat-jour. Le modèle ici proposé est un abat-jour conique, de dimensions usuelles.

MATÉRIEL

- POLYPHANE EN 60 X 60 CM (ÉPAISSEUR = 30/100)
- PERCALE GLACÉE JAUNE EN 65 X 65 CM
- TÊTE RONDE EN «V» (Ø = 9 CM)
- CERCLE NU (Ø = 35 CM)
- 1,50 M DE GROS-GRAIN JAUNE
- 1,50 M DE SOUTACHE JAUNE

1

- Reproduire le demi-patron précédemment réalisé (voir pages 14-15) sur le côté blanc du polyphane. Retourner ensuite le demi-patron pour reproduire l'autre moitié. Ne pas oublier le rabat.

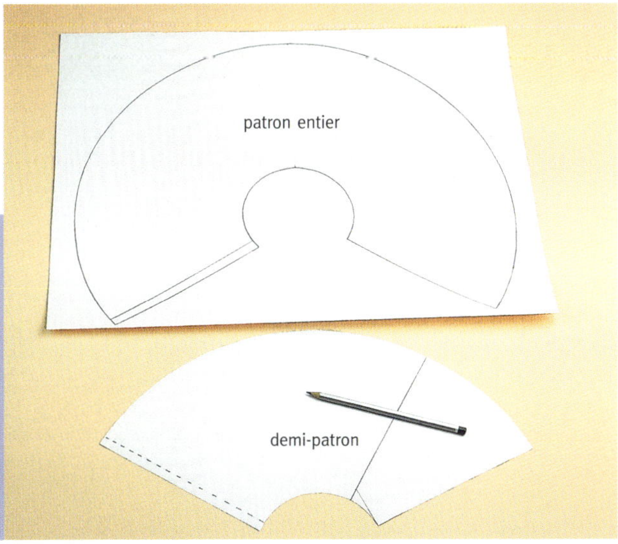

2

- Retourner le polyphane. Coller le tissu en soulevant le film protecteur du polyphane au fur et à mesure du collage. Maroufler avec la paume de la main afin d'éliminer les bulles d'air.

3

- Découper l'ensemble en prenant soin de laisser une marge de sécurité d'environ 5 mm en haut et en bas.
- Coller une bande de ruban adhésif double face sur le rabat et fermer l'abat-jour.

4

- Positionner le cercle nu au niveau du trait de crayon du cercle de base. Le maintenir en place à l'aide de six pinces à linge.

5

- Encoller le pourtour de la tête en « V » et l'appliquer délicatement à l'intérieur de l'abat-jour, au niveau du trait de crayon du cercle de tête.
- Appliquer de la colle claire, à l'aide d'une petite chute de polyphane, entre le cercle nu de la base et le polyphane, en soulevant les pinces à linge au fur et à mesure.
- Laisser sécher l'ensemble pendant une heure.

6

- À l'aide des ciseaux courbes, découper le surplus de polyphane au ras des deux cercles, en commençant par celui de tête.

7

- Plier le gros-grain en deux et marquer le pli à l'aide d'un fer à repasser. Le coller à la tête et à la base de l'abat-jour, côté extérieur, avec de la colle vinylique.

8

- Rabattre le gros-grain vers l'intérieur, sans oublier d'y découper des fentes au niveau des branches de la tête en « V ». Coller.
- Rabattre également le gros-grain à la base de l'abat-jour.

9

- Pour une finition parfaite, coller la soutache au bord du gros-grain avec la colle vinylique.

CONSEILS

Pour effacer des traits de crayon sur du polyphane, utiliser de préférence de la crème nettoyante blanche à usage ménager, plutôt qu'une gomme qui laissera des traces.

Le surplus de colle claire s'enlève après séchage en grattant délicatement avec l'ongle ou avec de l'acétone pure.

UN CLASSIQUE... TRÈS ACTUEL

Abat-jour découpé en accolade pointe basse

L'abat-jour découpé est un abat-jour conique, sans support de base. Il est maintenu uniquement au niveau supérieur par une tête en « V ». Ce type d'abat-jour ne peut être obtenu avec des dimensions supérieures à 35 cm de diamètre à la base. Mais, il est possible de le réduire, afin de l'adapter à un lustre, un bougeoir ou encore une applique. Subtilement mis en valeur par des teintes neutres, cet abat-jour se personnalise au gré des envies : la base, découpée ici en accolade, peut devenir l'objet de toutes les fantaisies. Plusieurs exemples de découpes de base sont d'ailleurs proposés à la fin de ce chapitre (voir page 23).

MATÉRIEL

- POLYPHANE EN 60 X 60 CM (ÉPAISSEUR = 30/100)
- POPELINE DE COTON ÉCRUE EN 65 X 65 CM
- TÊTE RONDE EN «V» (Ø = 9 CM)
- 35 CM DE RUBAN DE COTON ÉCRU
- 1,60 M DE GALON DE FINITION BEIGE ET ÉCRU
- DEMI-PATRON DE L'ABAT-JOUR (VOIR PAGE 88)

1

- Reproduire le demi-patron de l'abat-jour sur le côté blanc du polyphane. Retourner le demi-patron pour reproduire l'autre moitié. Ne pas oublier le rabat.

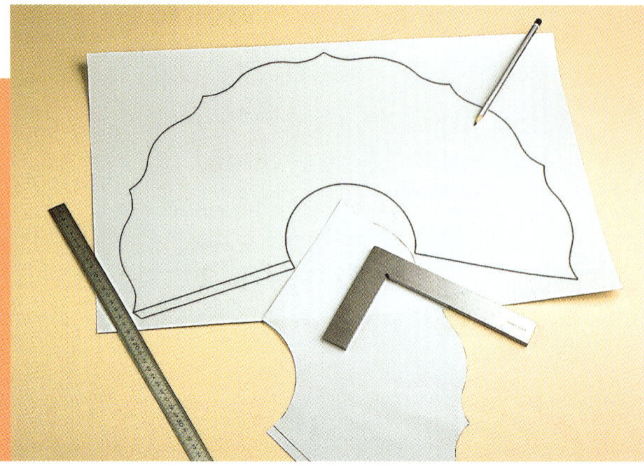

2

- Retourner le polyphane. Coller le tissu en soulevant le film protecteur du polyphane au fur et à mesure du collage. Maroufler avec la paume de la main afin d'éliminer les bulles d'air.

3

- Découper en prenant soin de laisser une marge de 5 mm en haut.
- Coller une bande de ruban adhésif double face sur le rabat et fermer l'abat-jour.

4

- Avec la colle claire, encoller le bord extérieur de la tête en « V » et coller celle-çi au niveau du trait de crayon du cercle de tête. Laisser sécher une heure.

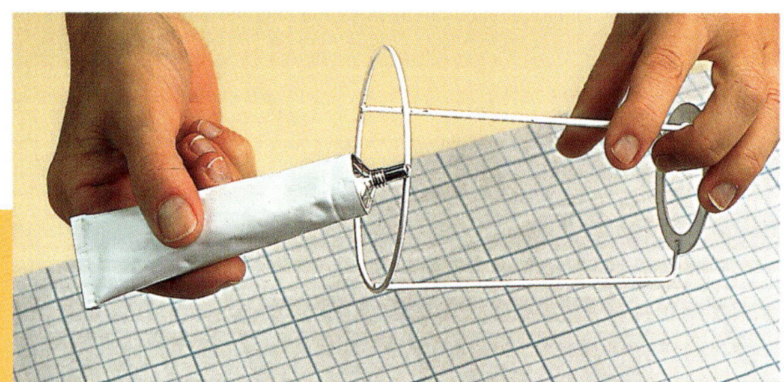

5

- Découper aux ciseaux courbes le surplus de polyphane en haut.
- Plier le ruban de coton en deux et marquer le pli à l'aide d'un fer à repasser. Le coller à la tête de l'abat-jour, côté extérieur, avec de la colle vinylique.
- Rabattre le ruban vers l'intérieur, sans oublier d'y découper une fente au niveau des trois branches de la tête en « V ». Coller.

6

- Coller ensuite le galon de finition à la colle vinylique sur le haut et sur la base de l'abat-jour, en suivant les découpes.

Voici quelques exemples de découpes les plus courantes :

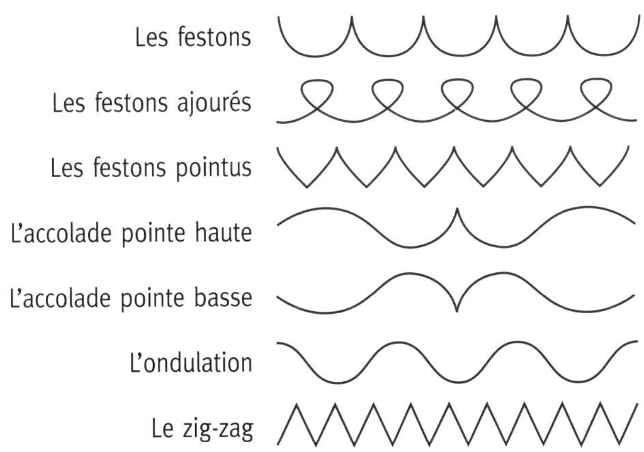

Patine du pied

MATÉRIEL

- PIED DE LAMPE EN BOIS BRUT
- PEINTURE ACRYLIQUE SATINÉE BLANC CASSÉ
- PINCEAU BROSSE (10 MM)
- ÉPONGE ABRASIVE USAGÉE
- PAPIER DE VERRE FIN
- CIRE POUR BOISERIES EN POT, TEINTE CHÊNE CLAIR
- CHIFFON DOUX

1

- Peindre en blanc cassé toutes les parties en creux à l'aide du pinceau brosse. Essuyer le surplus éventuel avec l'éponge abrasive humide.

2

- Laisser sécher deux heures et poncer l'ensemble au papier de verre fin. Cirer et faire briller avec le chiffon doux.

Variante : la charlotte à col

MATÉRIEL

- POLYPHANE EN 70 X 60 CM (ÉPAISSEUR = 30/100)
- SOIE BEIGE EN 75 X 65 CM
- TÊTE RONDE EN « V » (Ø = 9 CM)
- 0,70 M DE GROS-GRAIN ÉCRU
- 2 M DE SOUTACHE BEIGE
- BANDE DE SOIE RAYÉE ASSORTIE DE 0,25 X 1,25 M
- DEMI-PATRON DE L'ABAT-JOUR (VOIR PAGE 88)
- DEMI-PATRON DU COL (VOIR PAGE 88)

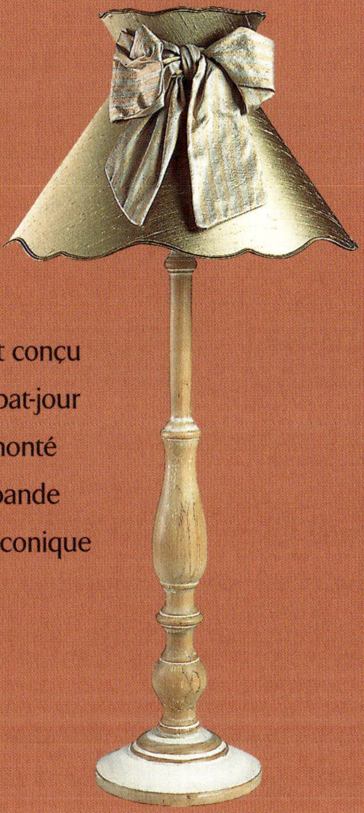

Ce modèle est conçu à partir d'un abat-jour découpé, surmonté d'une simple bande de polyphane conique

1

- Avec la soie beige, répéter le montage de l'abat-jour précédent jusqu'à l'étape 5.
- Reproduire deux fois le demi-patron du col sur le polyphane restant et y coller le reste de soie. Découper.

2

- Plier le gros-grain en deux et marquer le pli à l'aide d'un fer à repasser.
- Coller le gros grain au col, côté intérieur, avec de la colle vinylique. Y découper des fentes sur tout le pourtour, afin que le col puisse s'adapter plus facilement sur l'abat-jour.

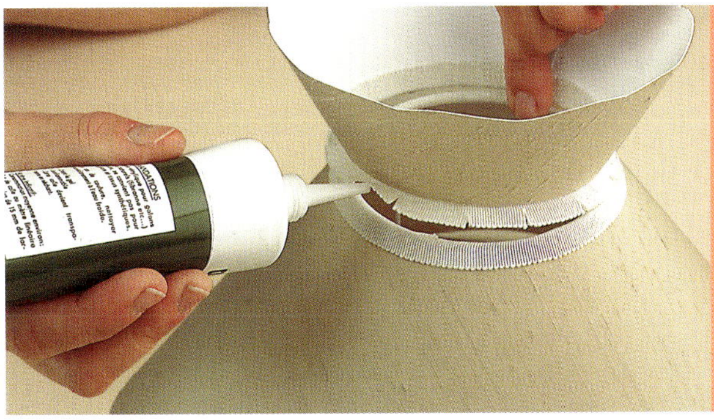

3

- Assembler le col à l'abat-jour, en collant le gros-grain fendu sur le côté extérieur de l'abat-jour.
- Pour une belle finition, entourer le col d'une large bande de soie rayée à deux pointes, piquée à la machine et retournée comme une ceinture. Terminer par un nœud.

DE CHARME ET DE DOUCEUR

Abat-jour à godrons droits

Inspiré des moules à gâteaux de nos grands-mères, cet abat-jour est conçu, sans couture et sans patron, à partir d'une simple bande de polyphane pliée. Les plis forment une quantité de coques régulières, resserrées en haut et fixées sur la tête en « V », ou encore sur une pince pour ampoule. Stable, cet abat-jour s'adapte aussi bien sur les bougeoirs de toutes tailles que sur les pieds de lampe anciens. L'ajout de frises décoratives en papier lui donne une touche de raffinement supplémentaire.

MATÉRIEL

- POLYPHANE EN 17,5 X 120 CM (ÉPAISSEUR = 25/100 OU 30/100)
- PAPIER PARCHEMIN DE 22 X 125 CM
- TÊTE RONDE EN « V » (Ø = 10 CM)
- BORDURE DÉCORATIVE (PAPIER ROUGE ET JAUNE) EN 125 CM DE LONG

1

- À l'aide d'un plioir, marquer un trait tous les 6 cm dans la largeur de la bande de polyphane, côté quadrillage. Pour plus de facilité, s'installer sur une surface souple (un molleton de repassage, par exemple).

2

- Coller le papier parchemin sur le polyphane en retirant le film protecteur au fur et à mesure. Bien maroufler avec la paume de la main pour chasser les éventuelles bulles d'air.
- Couper le papier qui dépasse au ras du polyphane.

3

- Coller deux bordures décoratives sur la bande de papier, à la colle vinylique ou au ruban adhésif double face. La bordure décorative la plus large sera positionnée, au final, à la base de l'abat-jour.

4

- Plier la bande tous les 6 cm, côté blanc, et marquer à nouveau les plis au plioir.

5

- Au niveau du dix-huitième pli, coller deux bandes de ruban adhésif double face extra-fort, l'une à côté de l'autre. Ne pas enlever le film protecteur.
- Couper le reste de la bande de papier.

6

- Réaliser deux trous à la perforatrice au niveau de chaque coque en procédant de la façon suivante : pincer deux épaisseurs du polyphane, côté blanc à l'extérieur, au niveau d'un pli. Positionner la perforatrice parallèlement au bord du polyphane. L'enfoncer au maximum en prenant les deux épaisseurs à la fois. Le trou obtenu est positionné à environ 1 cm du bord.
- Puis, recommencer l'opération au pli suivant, etc.

7

- À l'aide des ciseaux, réaliser une fente entre deux perforations en tenant le polyphane comme précédemment.
- Recommencer l'opération à chaque pli.
- Retirer ensuite le film protecteur du ruban adhésif et refermer la bande en la collant.
- Ne pas oublier de percer un trou et de découper une fente au niveau du rabat que l'on vient de coller.

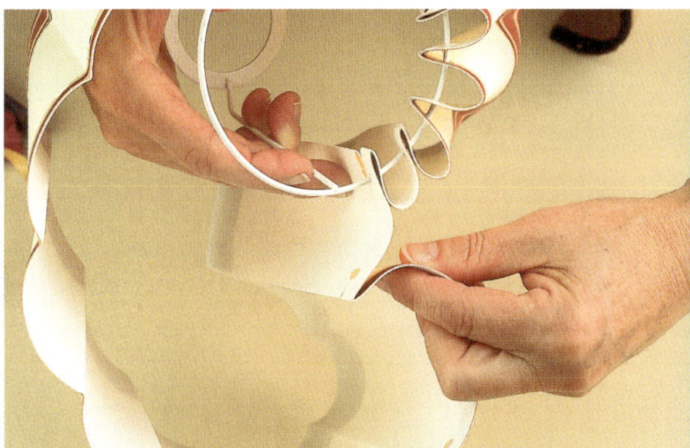

8

- Installer l'abat-jour sur la tête en « V » en enfilant les coques au fur et à mesure, au niveau des fentes. Bien répartir le nombre de coques entre chaque branche de la tête en « V ».

Patine du pied

MATÉRIEL

- PIED DE LAMPE EN BOIS BRUT
- PEINTURE ACRYLIQUE ROUGE RAISIN ET DORÉE
- PINCEAU ROND ET PINCEAU BROSSE
- PAPIER DE VERRE FIN
- CIRAGE NOIR ET BROSSE À CIRAGE
- CHIFFON DOUX À LUSTRER

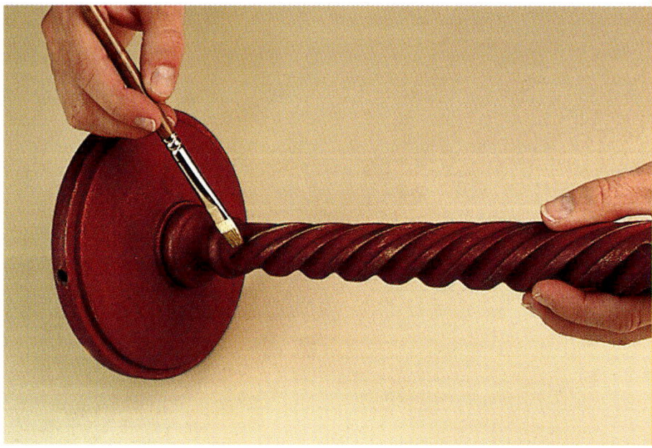

1

- Appliquer deux couches de rouge raisin sur le pied, en ponçant avec le papier de verre fin entre les deux. Laisser sécher chaque couche une heure.

2

- Effleurer les parties saillantes du pied avec le pinceau brosse trempé dans la peinture dorée.

3

- Appliquer généreusement le cirage noir avec la brosse et frotter aussitôt au chiffon doux. Le cirage va s'atténuer en surface et rester incrusté dans les parties creuses.

CONSEIL

Si la patine au cirage est trop accentuée, il est toujours possible de l'éclaircir avec de l'essence de térébenthine.

Variante : le godron festonné

Sur cette variante, réalisée avec un patron, les bordures décoratives sont remplacées par une découpe festonnée.

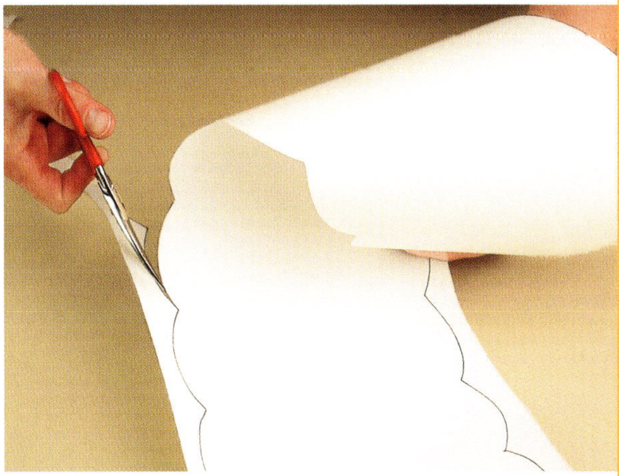

1

- Reprendre les fournitures citées pour l'abat-jour précédent. Toutefois, pour faciliter les découpes, choisissez une bande de polyphane de 20 cm de large.
- Reproduire six fois le patron de l'abat-jour (voir page 89) sur la bande de polyphane, côté blanc.
- Coller le matériau décoratif choisi (papier ou tissu) sur le polyphane, comme précédemment.

2

- Découper en suivant les festons, à l'aide des ciseaux courbes.

3

- Plier chaque feston en marquant le pli côté blanc et terminer le montage de l'abat-jour comme précédemment.

CONSEILS

Sur ce type d'abat-jour, éviter d'utiliser un tissu épais. Celui-ci risque de s'effilocher lors de la découpe des festons.

Pour une belle finition, coller un petit galon de finition sur le bord des festons avant pliage.

MAGISTRALE ÉLÉGANCE

Abat-jour à panneaux

De forme carrée, cet abat-jour est très différent des modèles traditionnels, tant par son exécution que par sa finition. Il se compose d'une seule pièce, maintenue uniquement au niveau supérieur par une carcasse et fixée à cette dernière par de simples liens de coton. Avec sa découpe de base aux courbes généreuses, ses fins rubans de couleur et son pied de lampe patiné de gris bleuté, cet abat-jour ne manque pas d'attraits.

MATÉRIEL

- POLYPHANE EN 50 X 60 CM (ÉPAISSEUR = 30/100)
- PERCALE FINE ÉCRUE EN 55 X 65 CM
- TÊTE CARRÉE EN « V » DE 8 X 8 CM
- 2 M DE RUBAN À SERTIR EN COTON GRIS
- PATRON DE L'ABAT-JOUR (VOIR PAGE 89)

1

- Reproduire quatre fois le patron du panneau sur le polyphane, côté blanc. Ajouter 1,2 cm de rabat au dernier panneau.

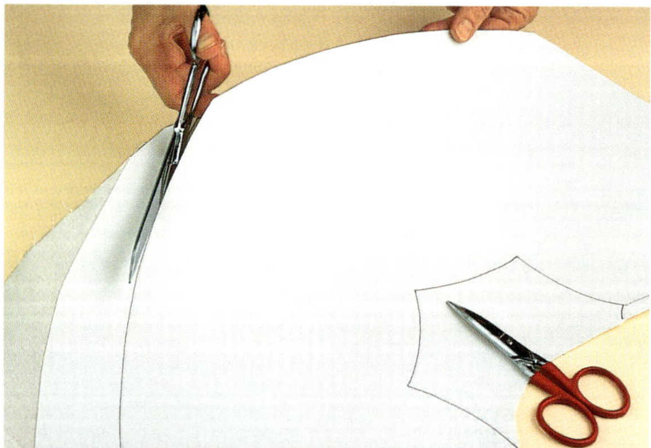

2

- Coller le tissu, en soulevant le film protecteur du polyphane au fur et à mesure du collage. Maroufler avec la paume de la main, afin d'éliminer les bulles d'air.
- Découper l'ensemble en suivant les traits de crayon.

3

- Du côté blanc du polyphane, marquer les quatre plis des panneaux et celui du rabat à l'aide du plioir. Pour plus de facilité, s'installer sur une surface souple (un molleton de repassage, par exemple).
- Coller une bande de ruban adhésif double face sur le rabat et fermer l'abat-jour.

4

- Plier le ruban de coton en deux et marquer le pli à l'aide d'un fer à repasser. Le coller en haut de l'abat-jour, côté extérieur, avec de la colle vinylique, en prenant soin de le couper à chaque angle. Rabattre et coller vers l'intérieur.
- Procéder de la même façon pour la base de l'abat-jour

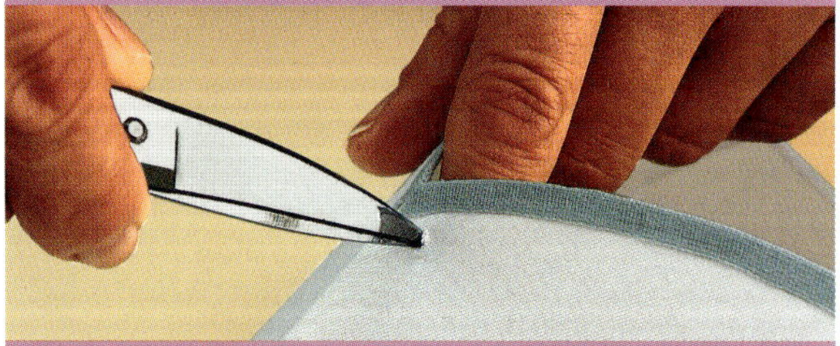

5

- Avec la pointe des ciseaux, réaliser une perforation à droite et à gauche de chaque angle supérieur de l'abat-jour.

6

- Positionner la tête carrée en haut de l'abat-jour et la maintenir à l'aide de pinces à linge.
- En passant le reste de ruban à sertir dans les perforations, réaliser quatre liens (voir shéma page 46) pour accrocher la tête carrée à l'abat-jour. Les coller à la colle vinylique.

Peinture du pied

MATÉRIEL

- PIED DE LAMPE EN BOIS BRUT
- PEINTURE ACRYLIQUE NOIR MAT ET BLANC MAT
- PINCEAU ROND ET PINCEAU BROSSE
- PAPIER DE VERRE FIN

1

- Préparer un mélange de peinture gris foncé et garder un fond de peinture blanche de côté. Appliquer deux couches de gris foncé sur le pied, en ponçant au papier de verre entre les deux. Laisser sécher chaque couche une heure.
- Avec le pinceau brosse et le reste de peinture blanche, effleurer légèrement le pied. Le gris foncé initial va prendre un aspect gris bleuté.

Variante : le carré pointu

MATÉRIEL

- POLYPHANE EN 50 X 60 CM (ÉPAISSEUR = 30/100)
- PERCALE FINE ÉCRUE EN 55 X 65 CM
- TÊTE CARRÉE EN « V » DE 8 X 8 CM
- 2 M DE RUBAN À SERTIR EN COTON OU DE GROS-GRAIN
- 2 M DE SOUTACHE
- MOTIFS DÉCOUPÉS DANS DU TISSU IMPRIMÉ
- PAPIER ADHÉSIF DOUBLE FACE EN ROULEAU (TYPE GUDY)
- PATRON DE L'ABAT-JOUR (VOIR PAGE 89)

Sur cette variante, la base de l'abat-jour s'agrémente d'une découpe en pointe, et les faces sont ponctuées de motifs imprimés sur tissu, découpés et collés.

1

- Reproduire le patron, coller le tissu et fermer l'abat-jour en suivant les étapes 1 à 3 des pages 32 à 34.

2

- Coller la tête carrée à la colle claire comme pour un abat-jour conique (voir l'étape 4 de la page 22). Ôter le surplus éventuel de polyphane dépassant de la carcasse. Sertir avec du ruban de coton ou du gros-grain.

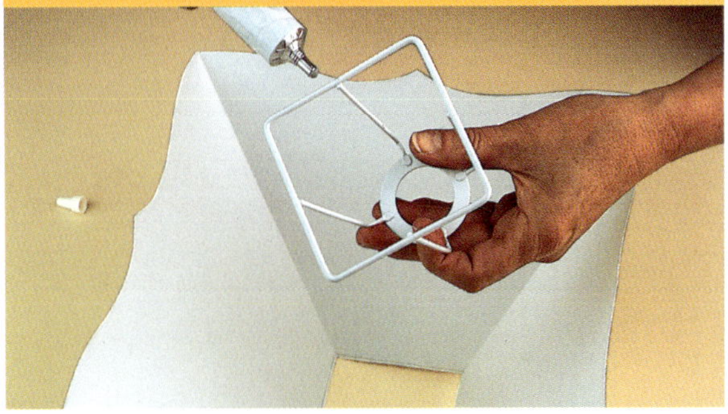

3

- Coller les motifs décoratifs en tissu sur le papier adhésif double face et découper les contours à l'aide des ciseaux courbes. Coller délicatement les motifs sur chaque face de l'abat-jour en retirant le film protecteur au fur et à mesure.
- Coller deux galons de finition en haut et en bas, en suivant les découpes.

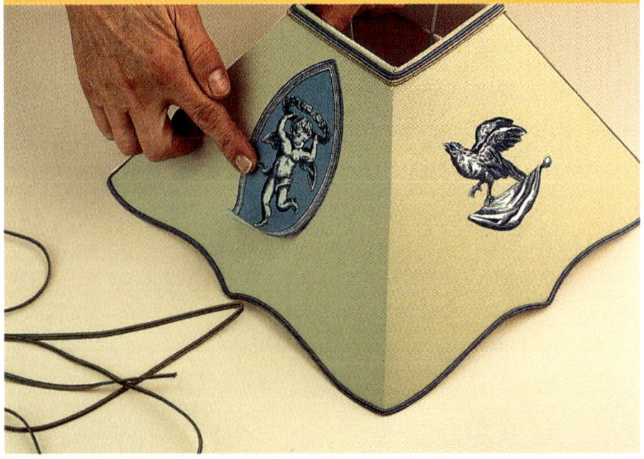

À LA FERME

Abat-jour découpé en accolade pointe haute

Ce modèle est une variante sur le principe de l'abat-jour conique découpé. Le haut et la base de l'abat-jour suivent ici la même découpe. L'ensemble est attaché, et non collé, à la carcasse par des liens en soutache recouverts de passementerie. Le décor, quant à lui, est obtenu à partir d'un motif de poules, découpé dans un tissu imprimé et collé sur le fond de percale. Avec un sujet aussi pittoresque, cet abat-jour trouvera tout naturellement sa place dans un intérieur campagnard, largement ouvert sur la nature.

MATÉRIEL

- POLYPHANE OR OU BLANC EN 65 X 60 CM (ÉPAISSEUR = 30/100)
- PERCALE OCRE EN 70 X 65 CM
- TÊTE RONDE EN «V» (Ø = 10 CM)
- CHUTE DE TISSU AVEC DES MOTIFS DE POULES
- PAPIER ADHÉSIF DOUBLE FACE EN ROULEAU (TYPE GUDY)
- 1,20 M DE SOUTACHE MORDORÉE
- DEMI-PATRON DE L'ABAT-JOUR (VOIR PAGE 90)

1

- Reproduire le demi-patron sur le côté blanc du polyphane. Retourner ensuite le demi-patron pour reproduire l'autre moitié. Ne pas oublier le rabat.
- Retourner le polyphane. Coller le tissu en soulevant le film protecteur du polyphane au fur et à mesure du collage. Maroufler avec la paume de la main afin d'éliminer les bulles d'air.
- Découper l'ensemble en suivant les traits de crayon.

2

- Coller une bande de ruban adhésif double face sur le rabat et fermer l'abat-jour.

3

- Coller un morceau de tissu imprimé sur le papier adhésif double face et découper les contours des motifs choisis à l'aide des ciseaux courbes.

4

- Coller délicatement ces motifs sur une face de l'abat-jour, en retirant le film protecteur au fur et à mesure.

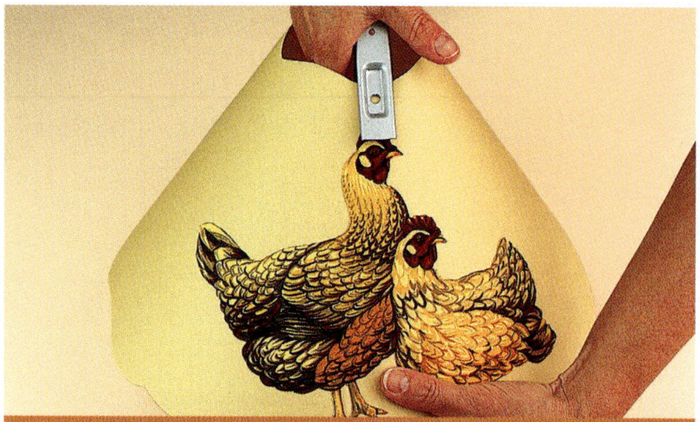

5

- À l'aide d'une perforatrice, percer quatre trous en haut de l'abat-jour, au niveau des creux de la découpe.

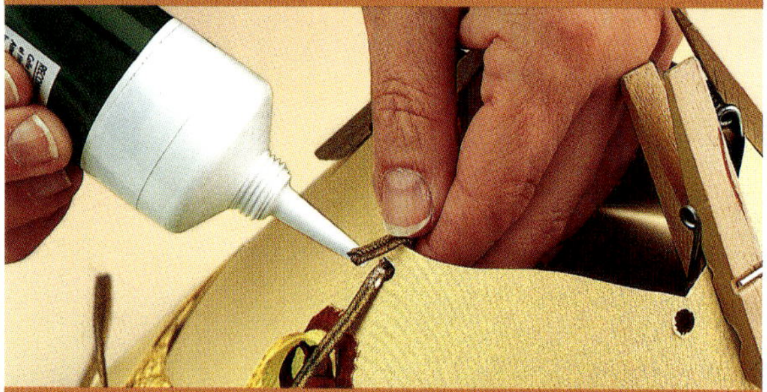

6

- Maintenir la tête en « V » en haut de l'abat-jour à l'aide de pinces à linge. La fixer avec des liens en soutache, glissés dans les perforations de l'abat-jour et collés à la colle vinylique.

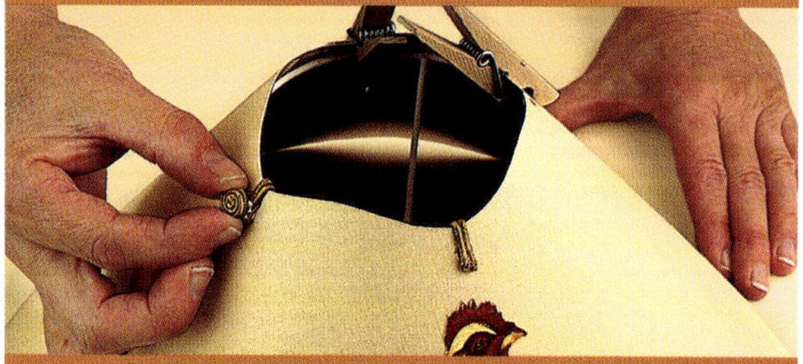

7

- Recouvrir les liens de petits « escargots » réalisés avec la soutache enroulée, selon le schéma ci-dessous, et collés à la colle vinylique.

Patine du pied

M A T É R I E L

- **PIED DE LAMPE EN BOIS BRUT**
- **TEINTE À BOIS CIRANTE POUR BOISERIES ACAJOU**
- **PINCEAU USAGÉ**
- **BROSSE DURE**
- **PAPIER DE VERRE TRÈS FIN**

CONSEIL
Pour la teinte acajou, faire un essai au préalable sous le socle.

1

- Appliquer une première couche de teinte et laisser sécher en suivant les instructions du fabricant.
- Brosser très fort. La couleur commence à apparaître.

2

- Renouveler l'opération, puis poncer avec le papier de verre. La finition doit être satinée et douce au toucher.

Variante : la découpe crantée

À l'aide de ciseaux à découpe fantaisie, l'abat-jour prend une toute autre allure.

1

- Pour changer, découper le haut et la base de l'abat-jour avec des ciseaux cranteurs.

UN AIR DE PROVENCE

Abat-jour plissé et festonné

Réalisé à partir d'une bande de polyphane plissée, cet abat-jour nécessite une carcasse double très spécifique : la tête en « V » est, en effet, surmontée d'un autre cercle de diamètre inférieur sur lequel les plis sont maintenus en place (voir page 12). Le tissu imprimé qui recouvre l'abat-jour rappelle par son motif les boutis de Provence. Ses couleurs chaudes et ensoleillées sont une invitation à la gaieté.

MATÉRIEL

- POLYPHANE EN 120 X 20 CM (ÉPAISSEUR = 25/100)
- TISSU PROVENÇAL EN COTON JAUNE ET ROUGE EN 125 X 25 CM
- CARCASSE DOUBLE POUR ABAT-JOUR PLISSÉ (Ø SUPÉRIEUR = 10 CM, Ø INFÉRIEUR = 12 CM, HAUTEUR DU « V » = 8 CM) (VOIR PAGE 12)
- PATRON DE L'ABAT-JOUR (VOIR PAGE 90)

1

- Reproduire vingt fois le patron sur la bande de polyphane afin d'obtenir quarante plis de 3 cm.

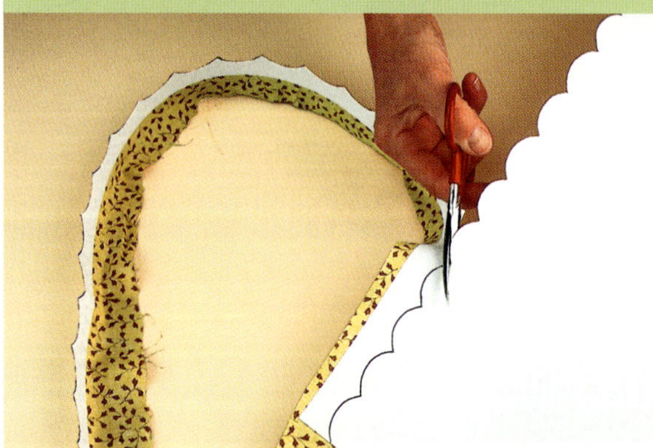

2

- Retourner le polyphane. Coller le tissu en soulevant le film protecteur du polyphane au fur et à mesure du collage. Maroufler avec la paume de la main afin d'éliminer les bulles d'air.
- Découper en suivant les festons, à l'aide de ciseaux courbes.

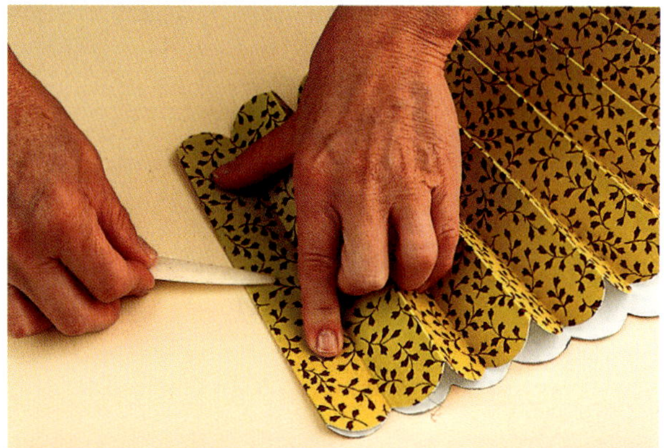

3

- Marquer les plis à l'aide d'un plioir, en alternant le côté polyphane et le côté tissu.

4

- Pincer deux épaisseurs du polyphane, côté blanc à l'extérieur, au niveau d'un pli. Perforer le haut de l'abat-jour, en positionnant la perforatrice parallèlement au bord du polyphane. L'enfoncer au maximum en prenant les deux épaisseurs de polyphane à la fois. Le trou obtenu est positionné à environ 1 cm du bord.
- Puis, recommencer l'opération au pli suivant, etc.
- À l'aide des ciseaux, réaliser une fente entre deux perforations en tenant le polyphane comme précédemment.
- Recommencer l'opération à chaque pli.

5

- Au niveau du dernier pli, coller deux bandes de ruban adhésif double face extra-fort, l'une à côté de l'autre. Retirer ensuite le film protecteur du ruban adhésif et fermer l'abat-jour.
- Ne pas oublier de percer un trou et de découper une fente au niveau du rabat que l'on vient de coller.

6

- Installer l'abat-jour sur la tête en « V » en enfilant les plis au fur et à mesure, au niveau des fentes. Bien répartir le nombre de plis entre chaque branche de la tête en « V ».

CONSEIL

On peut auparavant habiller le haut de la carcasse avec du ruban de couleur.

Variante : la citrouille

Un tissu à motifs de légumes et un pied en fer forgé... voilà une idée originale pour illuminer une cuisine.

UN JARDIN D'INTÉRIEUR

Abat-jour ondulé

Sur le principe de l'abat-jour conique découpé, ce modèle est terminé, à la tête et à la base, par une légère ondulation. Il se fixe à la carcasse, au niveau supérieur seulement, à l'aide de liens de coton sagement noués. Cet abat-jour d'esprit contemporain s'habille de papier aux couleurs fraîches et acidulées. Le pied de lampe, fiché dans un pot en terre peint, abrite des fleurs des champs... La nature a choisi d'envahir la maison !

MATÉRIEL

- POLYPHANE EN 50 X 60 CM (ÉPAISSEUR = 30/100)
- PAPIER RECYCLÉ DÉCORATIF, PERFORÉ EN 55 X 65 CM
- TÊTE RONDE EN «V» (Ø = 10 CM)
- 60 CM DE RUBAN DE COTON COORDONNÉ
- DEMI-PATRON DE L'ABAT-JOUR (VOIR PAGE 91)

1

- Reproduire le demi-patron sur le côté blanc du polyphane. Retourner ensuite le demi-patron pour reproduire l'autre moitié. Ne pas oublier le rabat.

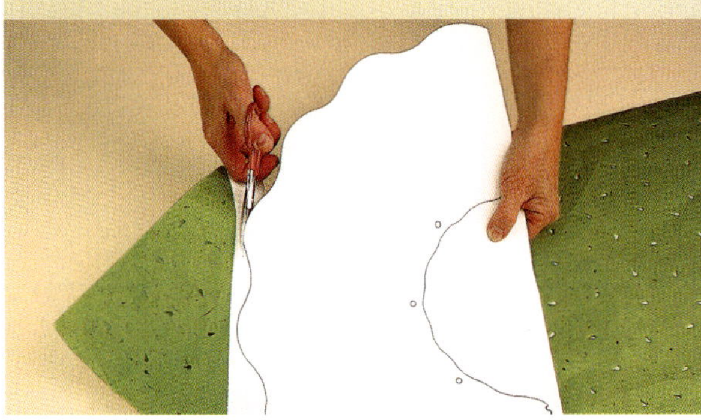

2

- Retourner le polyphane. Coller le papier décoratif en soulevant le film protecteur du polyphane au fur et à mesure du collage. Maroufler avec la paume de la main afin d'éliminer les bulles d'air.
- Découper avec des ciseaux courbes, en suivant les ondulations.

3

- Coller une bande de ruban adhésif double face sur le rabat et fermer l'abat-jour.

4

- Perforer le haut de l'abat-jour en quatre points, comme indiqué sur le patron (voir page 91).

5

- Attacher le haut de l'abat-jour à la carcasse en réalisant, avec le ruban de couleur, quatre nœuds semblables au schéma ci-contre. Les fixer à l'aide de la colle vinylique.

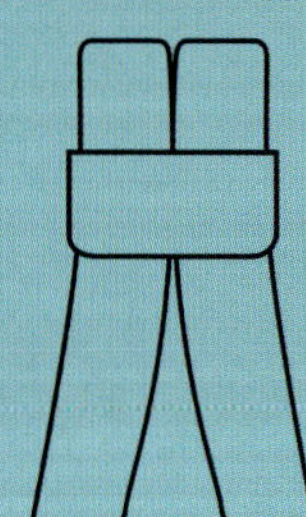

Montage et électrification du pied de lampe

MATÉRIEL

- POT DE FLEUR EN TERRE CUITE PEINT OU À PEINDRE
- PEINTURE ACRYLIQUE JAUNE
- PINCEAU ROND
- PERCEUSE
- ÉLECTRIFICATION COMPLÈTE (FIL, INTERRUPTEUR, PETITE DOUILLE)
- BLOC DE MOUSSE POUR FLEURS SÈCHES
- CUTTER
- TUBE CREUX EN ALUMINIUM (Ø = 12 MM, LONGUEUR = 38 CM)
- TIGE FILETÉE CREUSE (Ø = 10 MM, LONGUEUR = 6 CM)
- CARTOUCHE DE COLLE ÉPOXY BI-COMPOSANT (COLLAGE TRÈS RAPIDE EN 90 S)
- PAPIER DE VERRE FIN
- TOURNEVIS
- FLEURS ET FEUILLAGES ARTIFICIELS (OU MOUSSE NATURELLE)

1

- Peindre le pot en jaune (si nécessaire) et percer un trou au bas d'une des faces pour passer le fil électrique.

2

- Tailler un morceau de mousse au cutter selon les dimensions intérieures du pot. Prévoir un espace pour passer le fil au fond du pot.
- Enfoncer doucement le tube creux au centre de la mousse dans le sens de la longueur et le ressortir de l'autre côté. Évacuer la mousse amassée dans le tube.

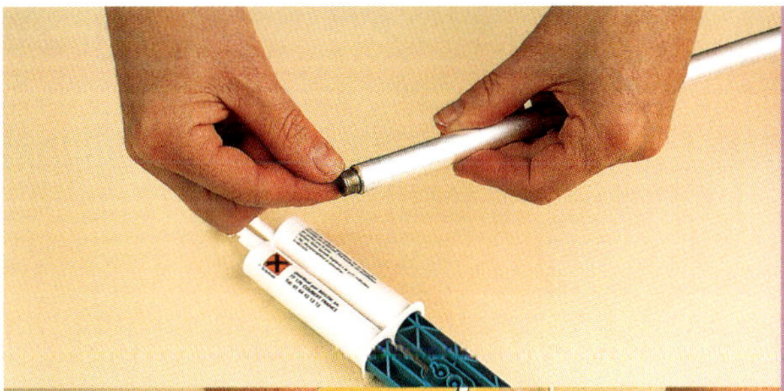

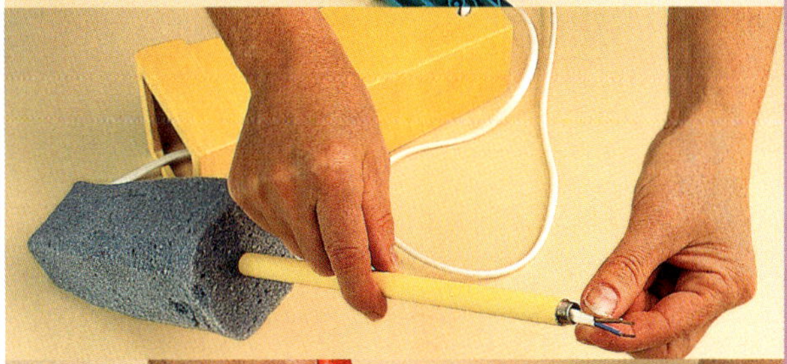

3

- Encoller la tige filetée à la colle époxy et l'enfoncer dans le tube creux. La laisser dépasser d'environ 8 mm.

4

- Peindre le tube en jaune. Passer deux couches et poncer entre les deux. Laisser sécher chaque couche une heure. Enfoncer le tube dans la mousse.
- Passer les deux fils dans le tube jusqu'en haut de la tige filetée et les laisser dépasser.
- Enfoncer la mousse dans le pot en la tassant bien au fond.

5

- Visser le culot de la douille dans la tige filetée.
- Passer les deux fils dans le contact noir (entre les petites vis) et serrer à l'aide d'un tournevis.

6

- Positionner le contact à plat dans la douille et visser le corps de la douille.

7

- Piquer les différents végétaux dans la mousse en les répartissant harmonieusement.
- Poser l'abat-jour et le maintenir avec la bague de serrage de la douille.

CONSEIL

Certaines douilles sont réglables en hauteur. Dans ce cas, positionner la première bague à la hauteur voulue, installer l'abat-jour et bloquer l'ensemble avec la bague la plus large.

Variante : la tulipe

MATÉRIEL

- **POLYPHANE EN 50 X 60 CM POUR LES DEUX ABAT-JOUR (ÉPAISSEUR = 30/100)**
- **PAPIER FORT EN DEUX COLORIS TON SUR TON (30 X 65 CM CHACUN)**
- **PINCE POUR AMPOULE RONDE (Ø= 7 CM)**
- **30 CM DE RUBAN DE COTON ASSORTI**
- **DEUX PATRONS DE L'ABAT-JOUR (VOIR PAGE 91)**

Deux abat-jour ton sur ton, découpés en festons pointus et superposés... et la lampe devient tulipe !

1

- Couper le polyphane en deux morceaux de 25 x 60 cm. Reproduire le demi-patron de l'abat-jour inférieur sur le côté blanc d'un des morceaux de polyphane. Retourner ce demi-patron pour reproduire l'autre moitié. Ne pas oublier le rabat.
- Recommencer l'opération pour l'abat-jour supérieur.

2

- Retourner les polyphanes. Coller les papiers en soulevant le film protecteur des polyphanes au fur et à mesure du collage. Maroufler avec la paume de la main afin d'éliminer les bulles d'air.
- Découper et fermer l'abat-jour inférieur (le plus grand) au niveau du rabat, à l'aide d'un ruban adhésif double face.
- Découper le haut de l'abat-jour supérieur (le plus petit) avec des ciseaux cranteurs.

3

- Encoller la pince pour ampoule à la colle claire et la fixer en haut de l'abat-jour inférieur. Laisser sécher une heure.

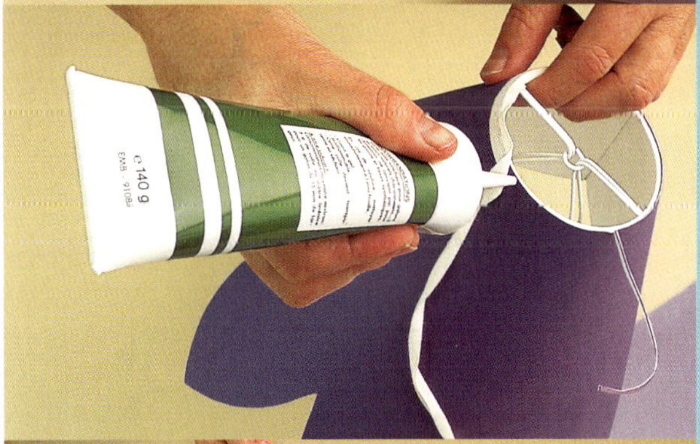

4

- Découper le surplus éventuel de polyphane en haut de l'abat-jour.
- Plier le ruban de coton en deux et marquer le pli à l'aide d'un fer à repasser. Le coller à la tête de l'abat-jour, côté extérieur, avec de la colle vinylique.
- Rabattre le ruban vers l'intérieur, sans oublier d'y découper des fentes au niveau des branches de la pince pour ampoule. Coller.

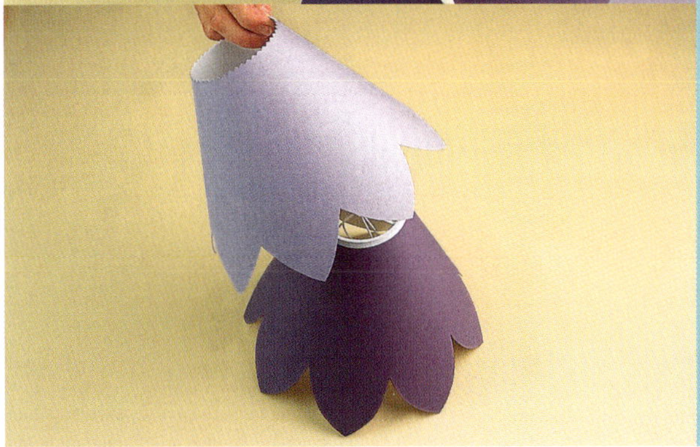

5

- Fermer l'abat-jour supérieur comme à l'étape 2 et le poser sur l'abat-jour inférieur en cachant le haut de ce dernier.
- Pour le pied de cette lampe, reproduire les explications de la page 58, en modifiant éventuellement la forme du socle et en ajoutant des feuilles artificielles en tissu.

EN CREUX ET EN RELIEF

Abat-jour plissé plat

Cet abat-jour plissé est très proche dans sa forme des modèles plissés cousus à la main. Ici, ce sont plus simplement le tissu et le polyphane qui vont créer ces jeux alternés de creux et de relief. L'abat-jour, facile à exécuter sans aucun patron, est soutenu par une carcasse double spécialement étudiée pour maintenir les plis en position. Recouvert d'une fine toile damassée et cerné de rubans assortis, l'abat-jour impose sa sobre majesté dans un cadre dépouillé de tout artifice.

MATÉRIEL

- BANDE DE POLYPHANE EN 18 X 120 CM (ÉPAISSEUR = 25/100)
- TOILE FINE DE COTON DAMASSÉE ÉCRUE EN 20 X 125 CM
- CARCASSE DOUBLE POUR ABAT-JOUR PLISSÉ (Ø SUPÉRIEUR = 10 CM, Ø INFÉRIEUR = 12 CM, HAUTEUR DU « V » = 8 CM) (VOIR PAGE 12)
- 2,50 M DE RUBAN DE COTON COORDONNÉ

1

- À l'aide d'un plioir, marquer un trait tous les 2 cm dans la largeur du polyphane, côté quadrillage. Pour plus de facilité, s'installer sur une surface souple (un molleton de repassage, par exemple).

2

- Coller le tissu sur le polyphane en retirant le film protecteur au fur et à mesure. Bien maroufler avec la paume de la main pour chasser les éventuelles bulles d'air. Couper le tissu qui dépasse au ras du polyphane.
- Plier le ruban de coton en deux et marquer le pli à l'aide d'un fer à repasser. Le coller en haut et en bas de l'abat-jour, côté extérieur, avec de la colle vinylique ou de l'adhésif double face. Le rabattre et le coller côté intérieur.

3

- Plier tous les 2 cm sur les traits préalablement marqués au plioir : une fois côté polyphane - deux fois côté tissu - une fois côté polyphane - deux fois côté tissu, etc.

4

- Réaliser deux trous à la perforatrice au niveau de chaque pli en procédant de la façon suivante : pincer deux épaisseurs de polyphane, côté blanc à l'extérieur, au niveau d'un pli. Positionner la perforatrice parallèlement au bord du polyphane. L'enfoncer au maximum en prenant les deux épaisseurs à la fois. Le trou obtenu est situé à environ 1 cm du bord.
- Puis, recommencer l'opération au pli suivant, etc.

5

- À l'aide des ciseaux, réaliser une fente entre deux perforations, en tenant le polyphane comme précédemment.
- Recommencer l'opération à chaque pli.

6

- Essayer l'abat-jour non fermé sur la carcasse. Compter au maximum dix-neuf plis plats (le nombre de pli peut varier suivant l'épaisseur du tissu). Recouper si nécessaire.
- Enlever l'abat-jour de la carcasse. Coller deux bandes de ruban adhésif double face extra-fort l'une à côté de l'autre, sur le dernier pli creux. Retirer le film protecteur et refermer l'abat-jour en le collant.
- Ne pas oublier de percer un trou et de découper une fente au niveau du dernier pli que l'on vient de coller.

7

- Installer l'abat-jour sur la tête en « V » en enfilant les plis au fur et à mesure, au niveau des fentes. Bien répartir le nombre de plis entre chaque branche.

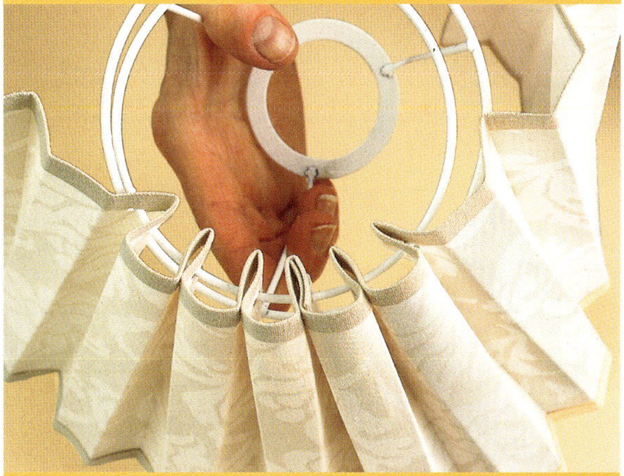

La patine du pied s'exécute de la même manière que pour le pied de lampe cité page 24.

UN JEU D'ENFANT

Abat-jour à panneaux et à rabats

Cette lampe en forme de store, à réaliser de la tête au pied, séduit par la gaieté et la fraîcheur de ses couleurs. Des lacets rose bonbon ceinturent les quatre panneaux de l'abat-jour. Une feuille peinte en vert orne malicieusement le pied de lampe. Tout droit sortie d'un univers enchanteur et ludique, cette lampe ira à merveille dans une chambre d'enfant. Voilà un cadeau de naissance très personnel, pour lequel chacun pourra laisser libre cours à son imagination.

MATÉRIEL

- POLYPHANE EN 40 X 40 CM (ÉPAISSEUR = 30/100)
- TISSU CONTRECOLLÉ VERT D'EAU EN 45 X 45 CM
- TÊTE CARRÉE EN «V» DE 8 X 8 CM
- 1 M DE LACET (OU DE SOUTACHE) ROSE
- PATRON DE L'ABAT-JOUR (VOIR PAGE 92)

1

- Reproduire quatre fois le patron du panneau sur le polyphane, côté blanc. Ajouter 1,2 cm de rabat au dernier panneau.

2

- Coller le tissu en soulevant le film protecteur du polyphane au fur et à mesure du collage. Maroufler avec la paume de la main afin d'éliminer les bulles d'air. Découper l'ensemble en suivant les traits de crayon.
- Du côté blanc du polyphane, marquer, à l'aide d'un plioir, les plis des quatre panneaux, le pli du rabat et les quatre plis situés au-dessus du feston de la base. Pour plus de facilité, s'installer sur une surface souple (un molleton de repassage, par exemple).

3

- Bien accentuer tous les plis et fermer l'abat-jour en collant une bande de ruban adhésif double face sur le rabat.

4

- À chaque angle, percer deux trous aux ciseaux à 5 mm du haut et de l'angle. Y attacher la carcasse par des liens en lacet rose, resserrés avec des nœuds coulants semblables au schéma ci-dessous.

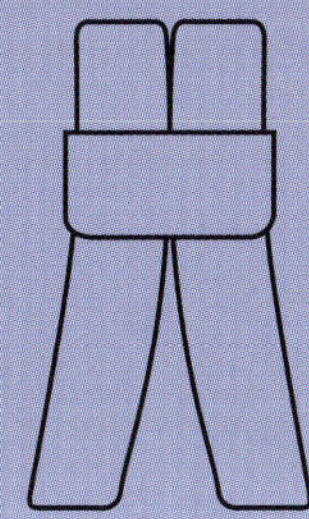

5

- Coller également un lacet rose à la base, au niveau des plis du bandeau.

Réalisation et montage du pied

MATÉRIEL

- TIGE FILETÉE CREUSE (Ø = 10 MM, LONGUEUR = 6 CM)
- TUBE CREUX EN ALUMINIUM (Ø = 12 MM, LONGUEUR = 38 CM)
- CARTOUCHE DE COLLE ÉPOXY BI-COMPOSANT (COLLAGE TRÈS RAPIDE EN 90 S)
- CARRÉ DE BOIS DE 12 X 12 CM (ÉPAISSEUR = 1,5 CM)
- PERCEUSE ET MÈCHE À BOIS DE 12 MM
- 4 PETITES BOULES EN BOIS
- FEUILLE EN PLÂTRE
- PEINTURE ACRYLIQUE VERT PÂLE ET ROSE VIF
- PINCEAU ROND
- PAPIER DE VERRE FIN ET À GROS GRAIN

1

- Coller la tige filetée dans le tube creux avec la colle époxy. Laisser dépasser la tige de 8 mm à une des extrémités du tube.

2

- Percer le centre du socle carré en bois.
- Peindre le socle et les boules en bois, la feuille en plâtre et le tube creux, avec deux couches de peinture acrylique. Poncer entre chaque couche au papier de verre fin. Laisser sécher chaque couche une heure.

3

- Coller le tube dans le socle à la colle époxy. Laisser sécher selon les indications du fabricant.
- Poncer les quatre boules en bois au papier de verre à gros grain afin d'aplanir un endroit. Les coller, côté aplani, sous le socle à l'aide de la colle époxy. Coller de la même façon la feuille en plâtre aux deux tiers de la hauteur du tube creux.

Pour le montage électrique et le matériel correspondant, se reporter à l'électrification du pied de lampe citée pages 47-48.

Variante : la farandole d'ours

MATÉRIEL

- 2 PAPIERS BLANCS DE FORMAT RAISIN ET DES PAPIERS FINS DE COULEUR
- POLYPHANE EN 50 X 60 CM (ÉPAISSEUR = 30/100)
- 30 CM DE RUBAN DE COTON ROSE VIF
- TÊTE RONDE EN « V » (Ø = 10 CM)
- 3 BOUTONS ROSES VIFS EN FORME DE CŒUR
- 20 X 30 CM DE PAPIER ADHÉSIF DOUBLE FACE
- PATRON DU MOTIF DE L'OURS (VOIR PAGE 92)

En partant cette fois d'un modèle conique, l'abat-jour s'orne de festons et d'ours en couleurs pour séduire les bouts de choux.

1

- Tracer un patron d'abat-jour de 25 x 10 x 17 cm dans un des papiers blancs, en suivant les étapes décrites dans le chapitre « Réaliser un patron d'abat-jour » pages 14-15 et en adaptant les dimensions.
- Reproduire le patron sur le côté blanc du polyphane. Retourner le polyphane et coller dessus le deuxième papier blanc. Découper l'ensemble avec des ciseaux à découpe fantaisie, en suivant les traits de crayon. Fermer l'abat-jour à l'aide de l'adhésif double face.

2

- Percer trois trous à la perforatrice en haut de l'abat-jour, à moins de 1 cm du bord. Passer un morceau de ruban dans chaque trou, puis l'enrouler sur la carcasse. Coller le ruban à la colle vinylique sur le dessus de l'abat jour, pour renforcer le maintien. Coller un bouton en forme de cœur sur le devant.
- Coller les papiers de couleur sur le papier adhésif. Reporter dessus le patron de l'ours en plusieurs exemplaires et découper. Fixer les motifs à l'abat-jour, en ôtant la pellicule protectrice de l'adhésif au fur et à mesure.

LE HUSSARD

Abat-jour à base carrée et à coins ronds

Ce modèle original, à la fois rond et carré, s'inspire du boutonnage et des couleurs des vestes des hussards napoléoniens. La partie haute de l'abat-jour est maintenue par une tête ronde en « V » ; la partie basse est structurée par un carré nu aux coins arrondis. Le décor mélange harmonieusement soutaches grenat et vieil or. Le pied galbé se patine d'or, de rouge et de bleu de Prusse. Un bureau ou une bibliothèque à l'atmosphère feutrée seront un écrin parfait pour cette lampe.

MATÉRIEL

- POLYPHANE EN 60 X 60 CM (ÉPAISSEUR = 30/100)
- PAPIER BLANC CASSÉ EN 65 X 65 CM
- TÊTE RONDE EN «V» (Ø = 10 CM)
- CARRÉ NU AUX COINS RONDS DE 30 CM
- 1,70 M DE GROS-GRAIN ÉCRU
- 2,50 M DE SOUTACHE VIEIL OR
- 2,50 M DE SOUTACHE GRENAT

1

- Tracer un demi-patron d'abat-jour de 38 x 10 x 21 cm en suivant les étapes décrites dans le chapitre « Réaliser un patron d'abat-jour » pages 14-15 et en adaptant les dimensions.
- Reproduire le demi-patron réalisé sur le côté blanc du polyphane. Retourner ensuite le demi-patron pour reproduire l'autre moitié. Ne pas oublier le rabat.
- Retourner le polyphane. Coller dessus le papier blanc cassé, en soulevant le film protecteur du polyphane au fur et à mesure du collage. Maroufler avec la paume de la main afin d'éliminer les bulles d'air. Découper l'ensemble en laissant une marge de sécurité de 5 mm en haut et en bas.

VOYAGE À PÉKIN

Abat-jour conique pointu

L'exotisme est à l'honneur avec cette lampe inspirée du traditionnel chapeau chinois. Pour rester dans cet esprit oriental, l'abat-jour est confectionné à partir de matières naturelles, du chanvre ou de la rabane. Un pied de lampe en forme de tige de bambou sera son meilleur support. Un petit chapeau pointu, recouvert de raphia tressé, coiffe l'abat-jour. S'il est très décoratif lorsque la lampe est éteinte, le chapeau doit être impérativement soulevé lorsque celle-ci est allumée. Que ce soit en touche isolée ou comme élément d'un décor entièrement consacré à l'Asie, cette lampe apporte avec elle un vent d'ailleurs !

MATÉRIEL

- POLYPHANE EN 50 X 50 CM (ÉPAISSEUR = 30/100)
- RABANE, CHANVRE OU AUTRE MATIÈRE NATURELLE EN 55 X 55 CM
- PINCE POUR AMPOULE RONDE (Ø = 6 CM)
- CERCLE NU (Ø = 25 CM)
- 1,20 M DE RUBAN DE COTON MARRON
- 1,60 M DE RAPHIA TRESSÉ ASSORTI
- DEMI-PATRON DE L'ABAT-JOUR (VOIR PAGE 92)
- PATRON DU CHAPEAU DE L'ABAT-JOUR (VOIR PAGE 93)

1

- Reproduire le demi-patron de l'abat-jour sur le côté blanc du polyphane. Le retourner pour reproduire l'autre moitié. Ne pas oublier le rabat. Reproduire aussi le patron entier du chapeau. Découper les deux patrons.

2

- Retourner le polyphane. Coller la rabane, en soulevant le film protecteur du polyphane au fur et à mesure du collage. Maroufler avec la paume de la main afin d'éliminer les bulles d'air.
- Découper les éléments en laissant une marge de sécurité d'environ 5 mm sur le pourtour.

ATTENTION

Pour le chapeau de l'abat-jour, coller la rabane au polyphane en glissant entre les deux une bande de ruban adhésif double face, sur le côté opposé au rabat. Cela renforcera l'adhérence au moment de fermer le chapeau.

3

- Coller une bande de ruban adhésif double face sur le rabat de l'abat-jour et du chapeau. Fermer les deux éléments.

4

- Adapter le cercle nu au niveau du trait de crayon à la base de l'abat-jour et le maintenir en place par des pinces à linge. Appliquer de la colle claire, à l'aide d'une petite chute de polyphane, entre le cercle nu et le polyphane, en soulevant les pinces au fur et à mesure. Coller ensuite la pince pour ampoule. Laisser sécher l'ensemble, retenu par les pinces à linge, pendant une heure.

5

- Couper le surplus de polyphane en haut et en bas de l'abat-jour.
- Plier le ruban de coton en deux et marquer le pli à l'aide d'un fer à repasser. Le coller en haut et en bas de l'abat-jour, ainsi qu'en bas du chapeau, côté extérieur, avec de la colle vinylique.
- Rabattre le ruban vers l'intérieur sans oublier de découper des fentes dans le ruban, au niveau des branches de la pince pour ampoule. Coller.

6

- Coller la tresse de raphia sur le ruban de coton en haut et en bas de l'abat-jour. Pour le chapeau, enrouler la tresse jusqu'en haut en la collant au fur et à mesure à la colle vinylique.

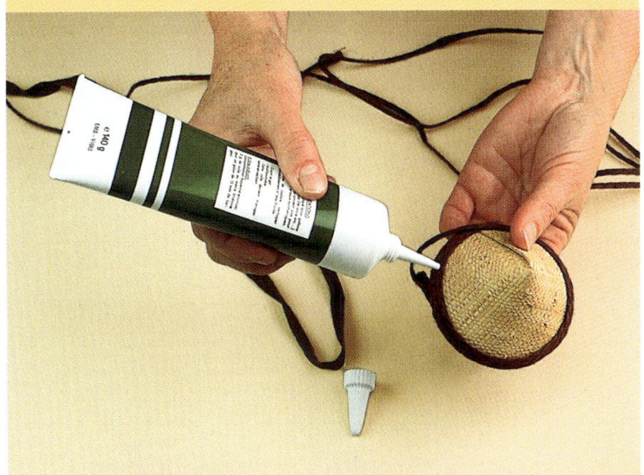

CONSEIL

Pour ne pas égarer le chapeau, le coudre à l'abat-jour avec un lien en ficelle assortie.

ATTENTION

Ne pas oublier de retirer le chapeau avant d'allumer la lampe. Utiliser une ampoule de 40 watts maximum.

CHAPEAU BAS !

Abat-jour classique à revers

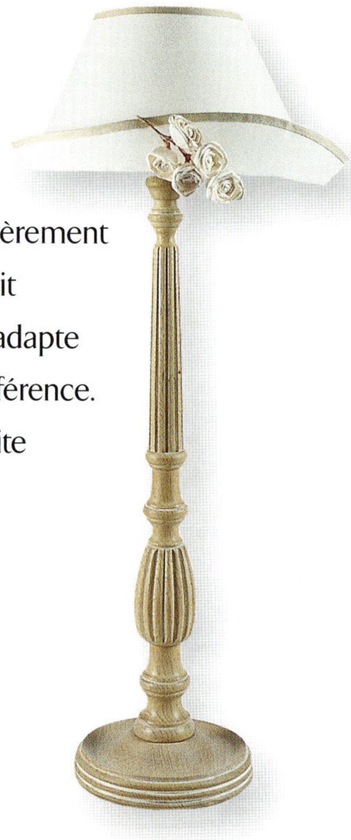

Surprenant cet abat-jour qui se prend pour un chapeau... Il est en fait formé sur le principe d'un modèle classique, (voir page 13), mais sa hauteur a été légèrement diminuée pour se rapprocher du gabarit d'un couvre-chef. Le revers, très stylé, s'adapte ensuite sur la base en suivant sa circonférence. Tout de beige revêtu, cet abat-jour insolite ne laisse personne indifférent. Une atmosphère très glamour... à apprécier sans modération.

MATÉRIEL

- POLYPHANE EN 75 X 45 CM (ÉPAISSEUR = 30/100 OU 35/100)
- TOILE DE COTON ÉCRUE EN 80 X 50 CM
- PAPIER ADHÉSIF DOUBLE FACE EN 80 X 50 CM
- TÊTE RONDE EN « V » (Ø = 14 CM, HAUTEUR = 13 CM)
- 1,50 M DE RUBAN DE COTON BEIGE
- FLEURS ARTIFICIELLES SUR TIGES
- DEMI-PATRON DE L'ABAT-JOUR (VOIR PAGE 93)
- DEMI-PATRON DU REVERS (VOIR PAGE 93)

TENDRE ROMANTISME

Abat-jour conique volanté

Un effet cousu qui fait illusion sur cette lampe délicate et raffinée, conçue à partir d'un modèle conique d'abat-jour rigide. En réalité, seule la finition nécessite l'usage d'un fil et d'une aiguille afin de retenir les volants à la structure. Le charme précieux de ces volants chargés de fleurs offre un contraste saisissant avec la rigueur presque solennelle des lignes du pied. Avec une telle ambivalence, cette lampe sera à sa place partout, que l'atmosphère du lieu soit cosy, théâtrale ou contemporaine.

MATÉRIEL

- POLYPHANE EN 70 X 80 CM (ÉPAISSEUR = 30/10
- TAFFETAS BEIGE DORÉ EN 100 X 140 CM
- TÊTE RONDE EN « V » (Ø = 12 CM, HAUTEUR 12 CM)
- CERCLE NU DE 35 CM
- 50 CM DE RUBAN DE COTON ÉCRU
- 8 BOUTONS DE ROSES ARTIFICIELS ÉCRUS
- FIL À COUDRE ÉCRU
- ÉPINGLES DE COUTURIÈRE ET AIGUILLE À COUDRE

1

- Tracer un demi-patron d'abat-jour de 35 x 12 x 20 cm, en suivant les étapes décrites dans le chapitre « Réaliser un patron d'abat-jour » pages 14-15 et en adaptant les dimensions.
- Reproduire le demi-patron réalisé sur le côté blanc du polyphane. Retourner ensuite le demi-patron pour reproduire l'autre moitié. Ne pas oublier le rabat.
- Découper le polyphane, en prenant soin de laisser une marge de sécurité d'environ 5 mm en haut.

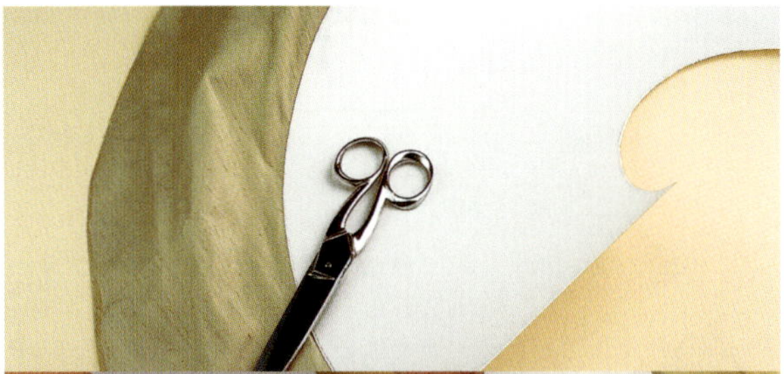

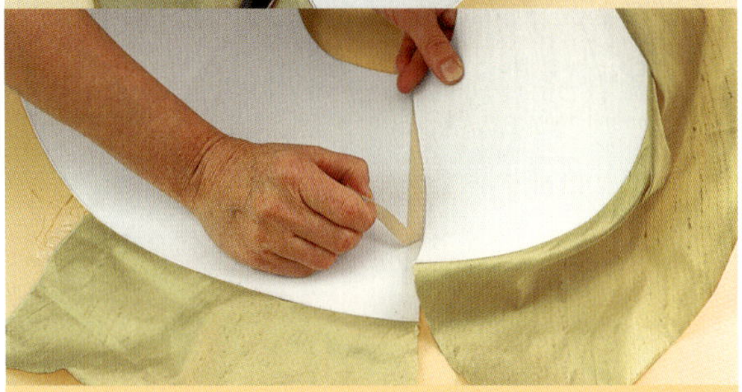

2

- Retourner le polyphane. Coller le tissu en soulevant le film protecteur du polyphane au fur et à mesure du collage. Bien maroufler avec la paume de la main afin d'éliminer les bulles d'air. Découper le tissu en laissant dépasser 15 cm au bas de l'abat-jour.
- Coller une bande de ruban adhésif double face sur le rabat et fermer l'abat-jour.

3

- Encoller le pourtour de la tête en « V » à la colle claire et l'appliquer délicatement à l'intérieur de l'abat-jour, au niveau du trait de crayon du cercle de tête.
- Adapter régulièrement le cercle nu à la base de l'abat-jour, en le maintenant à l'aide de pinces à linge. Appliquer de la colle claire, à l'aide d'une petite chute de polyphane, entre le cercle nu et le polyphane, en soulevant les pinces au fur et à mesure. Pendant cette opération, le tissu libre est rabattu vers l'extérieur grâce aux pinces à linge. Laisser sécher l'ensemble, maintenu par les pinces à linge, pendant une heure.

4

- Découper le surplus de polyphane en haut de l'abat-jour.
- Plier le ruban de coton en deux et marquer le pli à l'aide d'un fer à repasser. Le coller en haut de l'abat-jour, côté extérieur, avec de la colle vinylique. Rabattre vers l'intérieur, sans oublier de découper des fentes au niveau des branches de la tête en « V » et coller.

5

- En resserrant le tissu régulièrement tous les 13,7 cm, former huit volants dans la bande de taffetas laissée libre à la base de l'abat-jour. Maintenir ces volants avec des épingles de couturière.

6

- Au niveau de chaque intervalle, coudre le tissu au cercle nu, en traversant le polyphane.

7

- Couper les tiges des boutons de roses, si nécessaire. Coller un bouton de rose au niveau de chaque attache.
- Rentrer le tissu sur l'intérieur entre chaque bouton.

8

- Entortiller une chute de taffetas pour recouvrir le ruban de coton en haut de l'abat-jour. Le coller au fur et à mesure avec de la colle vinylique.

Patine du pied

MATÉRIEL

- PIED DE LAMPE EN BOIS
- PAPIER DE VERRE FIN
- PEINTURE ACRYLIQUE BLANC CASSÉ
- PINCEAU ROND ET PINCEAU USAGÉ
- PATINE À L'ANCIENNE PRÊTE À L'EMPLOI OMBRE BRÛLÉE
- CHIFFON DOUX

1

- Poncer le pied de lampe avec le papier de verre.
- Passer une première couche de peinture en commençant par la base du pied. Laisser sécher une heure et poncer. Renouveler l'opération.

2

- Avec le pinceau usagé, appliquer la patine à l'ancienne sur la base du pied et essuyer aussitôt avec le chiffon doux pour enlever l'excédent. Continuer ainsi sur la partie supérieure du pied.

CONSEIL

Si l'effet patiné est trop prononcé, estomper avec de l'essence de térébenthine.

VACANCES EN BORD DE MER

Abat-jour à bandeau découpé

Cet abat-jour, exécuté à partir d'un modèle conique, se termine à la base par un large bandeau découpé en huit pans symétriques. Un lacet blanc en souligne la forme échancrée. Il suffit d'ajouter, avec un brin de malice, des tissus aux couleurs vives et un pied en bois à socle carré pour que la lampe prenne des allures de parasol de plage ! Un air de vacances souffle sur la maison... Détente et soleil sont au rendez-vous.

MATÉRIEL

- POLYPHANE EN 50 X 50 CM (ÉPAISSEUR = 30/100 OU 35/100)
- TOILE DE COTON DE COULEUR VIVE EN 55 X 55 CM
- PINCE POUR AMPOULE RONDE (Ø = 8 CM)
- 1,50 M DE LACET BLANC
- DEMI-PATRON DE L'ABAT-JOUR (VOIR PAGE 95)

1

- Reproduire le demi-patron de l'abat-jour sur le côté blanc du polyphane. Retourner le demi-patron pour reproduire l'autre moitié. Ne pas oublier le rabat. Découper le polyphane uniquement en haut de l'abat-jour.

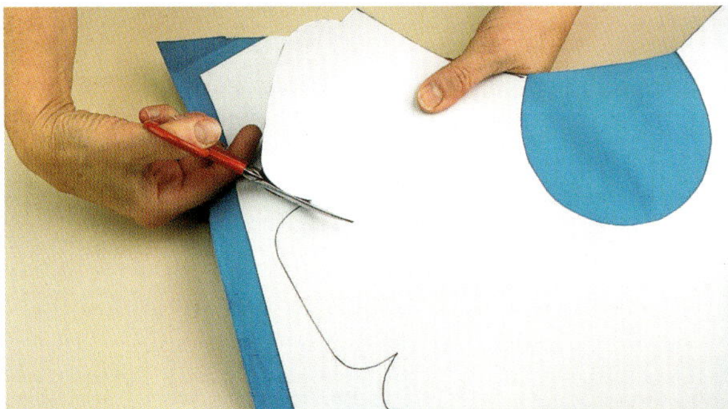

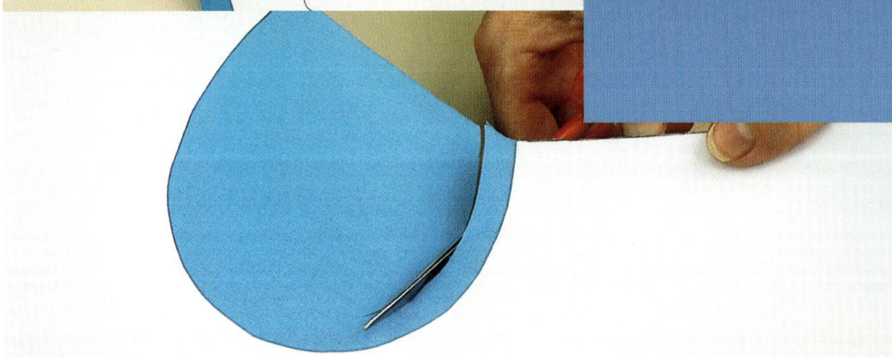

2

- Retourner le polyphane. Coller le tissu en soulevant le film protecteur du polyphane au fur et à mesure du collage. Maroufler avec la paume de la main afin d'éliminer les bulles d'air. Découper la base de l'abat-jour en suivant le trait de crayon. Pour le haut, découper en laissant une marge de tissu de 8 mm.

3

- À l'aide d'un plioir et d'une règle, marquer le polyphane entre chaque pan de la base. Pour plus de facilité, s'installer sur une surface souple (un molleton de repassage, par exemple).
- Plier ensuite chaque pan délicatement.

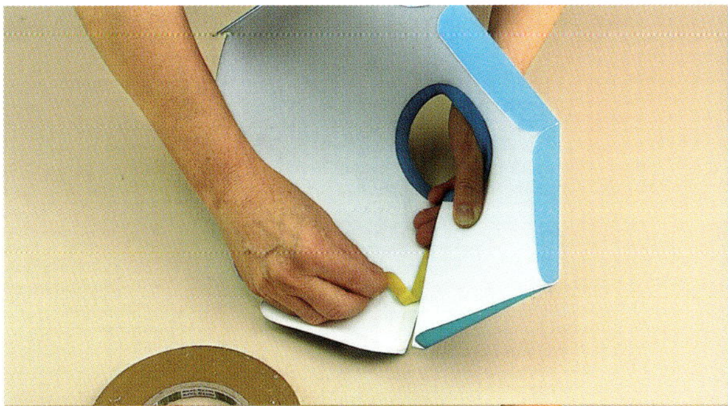

4

- Fermer l'abat-jour en collant une bande de ruban adhésif double face sur le rabat.

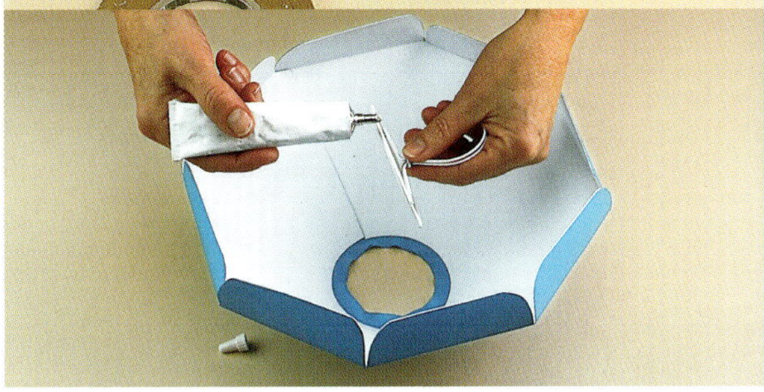

5

- Encoller la pince pour ampoule à la colle claire et la fixer en haut de l'abat-jour au ras du polyphane. Laisser sécher une heure.

6

- Découper des crans tous les centimètres dans le tissu qui dépasse en haut de l'abat-jour. Rabattre le tissu à l'intérieur, en le collant à la colle vinylique.

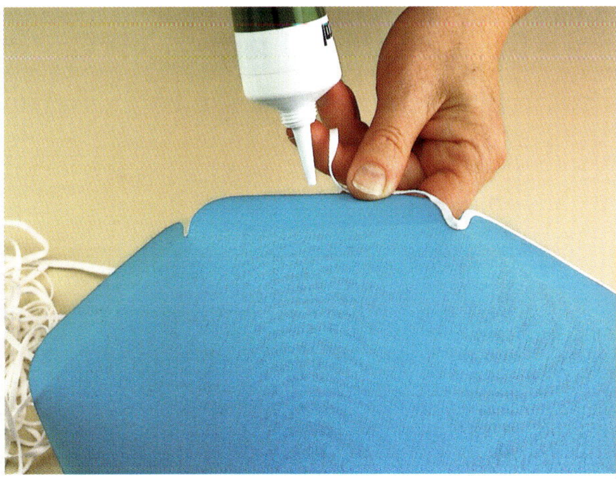

7

- Avec la colle vinylique, coller un lacet blanc tout autour de la base en suivant bien les découpes.

Réalisation et montage du pied

MATÉRIEL

- CARRÉ DE BOIS DE 12 X 12 CM (ÉPAISSEUR = 1,5 CM)
- PERCEUSE ET MÈCHE À BOIS DE 10 MM
- TIGE FILETÉE CREUSE (Ø = 10 MM, LONGUEUR = 10 CM)
- TUBE CREUX CARRÉ EN ACIER OU EN FER DE 12 MM DE CÔTÉ (LONGUEUR = 36 CM)
- CARTOUCHE DE COLLE ÉPOXY BI-COMPOSANT (COLLAGE TRÈS RAPIDE EN 90 S)
- PAPIER DE VERRE À GRAIN MOYEN
- PEINTURE ANTI-ROUILLE BLANCHE
- TASSEAU CARRÉ EN BOIS DE 10 MM DE CÔTÉ (LONGUEUR = 40 CM)
- PEINTURE ACRYLIQUE NOIRE ET BLANCHE
- PINCEAU ROND
- PETITE SCIE À BOIS
- ÉQUERRE

1

- Percer un trou de 10 mm de diamètre au centre du carré de bois qui servira de socle.

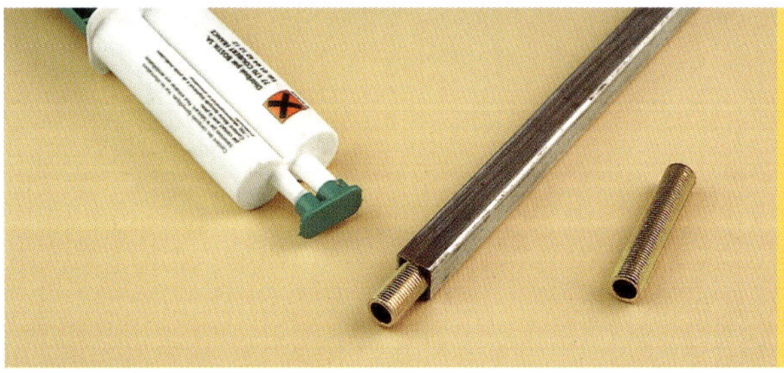

2

- Scier la tige filetée en deux. Coller un morceau à chaque extrémité du tube creux carré à la colle époxy. Laisser dépasser la tige de 8 mm d'un côté et de 15 mm de l'autre.

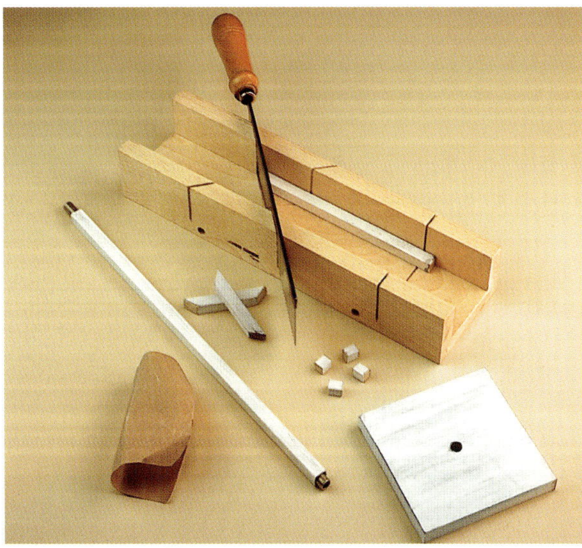

3

- Poncer le tube carré au papier de verre pour retirer toute tache de rouille et le peindre avec deux couches de peinture anti-rouille blanche. Bien respecter le temps de séchage indiqué par le fabricant.
- Peindre le socle et le tasseau d'une couche de noir et recouvrir d'une couche de blanc. Poncer légèrement afin que le noir réapparaisse par endroits.
- Dans le tasseau de bois, scier quatre morceaux de 7 cm avec des angles de 45° aux extrémités et quatre cubes de 1 cm de côté pour les pieds.

4

- Coller le tube carré dans le socle à la colle époxy (à l'extrémité où la tige filetée dépasse de 15mm). Vérifier l'aplomb à l'aide d'une équerre.

5

- Coller ensuite les quatre petits tasseaux entre le tube carré et le socle et coller les quatre pieds sous les angles du socle.

Pour le montage électrique et le matériel correspondant, se reporter à l'électrification du pied de lampe citée pages 47-48.

Variante : les coquillages

Sur cette version déclinée en blanc avec un lacet bleu marine, la découpe de la base devient ligne ondulante. Des coquillages peints et collés mettent le pied en valeur.

1

- En modifiant les couleurs de la toile de coton et du lacet, reproduire le montage de l'abat-jour précédent. Utiliser le patron correspondant (voir page 94).

MODÈLE RÉDUIT

MODÈLE RÉDUIT

Abat-jour de petit diamètre

Réaliser en un tour de main des abat-jour de petit diamètre (15 à 18 cm à la base) est à la portée de chacun. Fixé sur une pince pour ampoule, l'abat-jour conique se transforme, selon l'humeur, en lustre pour illuminer une pièce réduite, en applique pour éclairer un pan de mur ou encore en lampe de chevet pour une soirée lecture. Ces sources de lumière, aussi petites soient-elles, créent une ambiance chaleureuse et sereine dans la pièce. Il est conseillé, par souci de sécurité, de ne pas utiliser d'ampoules supérieures à 40 watts.

MATÉRIEL

POUR UN PETIT ABAT-JOUR DÉCOUPÉ :

- **POLYPHANE OR (OU BLANC) EN 40 X 25 CM (ÉPAISSEUR = 30/100)**
- **SOIE DAMASSÉE ROUGE EN 45 X 30 CM**
- **PINCE POUR AMPOULE RONDE (Ø = 7 CM)**
- **50 CM DE SOUTACHE DORÉE**
- **DEMI-PATRON DE L'ABAT-JOUR** **(VOIR PAGE 95)**

1

- Reproduire le demi-patron de l'abat-jour sur le côté or du polyphane. Retourner le demi-patron pour reproduire l'autre moitié. Ne pas oublier le rabat.

2

- Retourner le polyphane. Coller le tissu en soulevant le film protecteur du polyphane au fur et à mesure du collage. Maroufler avec la paume de la main afin d'éliminer les bulles d'air. Découper le haut et le bas en suivant les traits de crayon.

3

- À l'aide d'une perforatrice, percer trois trous aux emplacements indiqués sur le patron.
- Coller une bande de ruban adhésif double face sur le rabat et fermer l'abat-jour.

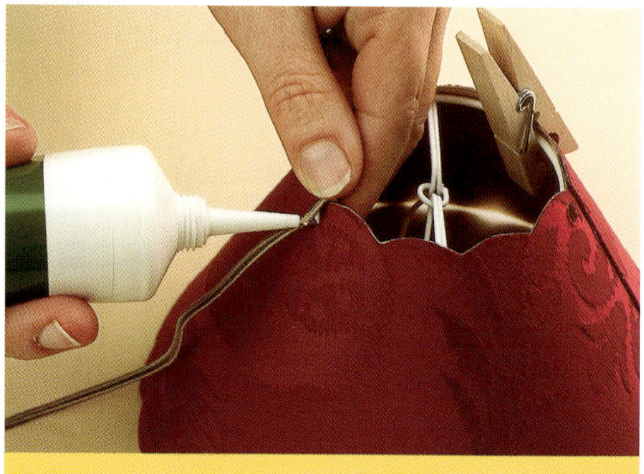

4

- Maintenir la pince pour ampoule en haut de l'abat-jour à l'aide de pinces à linge. La fixer avec trois liens réalisés en soutache, semblables au schéma ci-dessous, et collés à la colle vinylique.

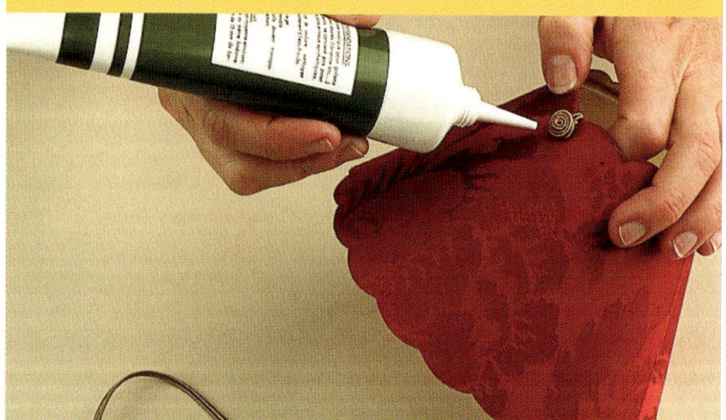

5

- Terminer en recouvrant les trois liens de petits « escargots » réalisés avec la soutache enroulée comme sur le schéma ci-contre.

Variantes : Formes et motif

Le monogramme

Sur cette version déclinée en blanc, seul un monogramme égaye l'abat-jour.

1

- Reprendre les fournitures citées pour l'abat-jour précédent. Remplacer la soie damassée rouge par une feuille de papier blanc suffisamment épais.
- Découper un monogramme dans un magazine spécialisé en broderie, par exemple. Sur une feuille de papier ordinaire, reproduire le patron de l'abat-jour précédent et y coller le monogramme en le centrant.

2

- Photocopier l'ensemble sur le papier blanc épais. Coller cette photocopie directement sur le polyphane.
- Avant de découper l'abat-jour et de le monter, peindre le monogramme à la peinture dorée. Peindre également un filet doré au sommet et à la base de l'abat-jour.

1

- Utiliser une bande de polyphane de 70 x 15 cm (épaisseur = 25/100), un tissu ou un papier blanc de 75 x 20 cm et une pince pour ampoule ronde (Ø = 7 cm).
- Reproduire sept fois le patron de l'abat-jour (voir page 95) afin d'obtenir quatorze coques (la quatorzième servira à fermer l'abat-jour). Pour la réalisation, se reporter au montage de l'abat-jour cité pages 26 à 29.

Le petit godron

Les formes godronnées, amples et régulières, conviennent aussi à un abat-jour de petit diamètre.

Le petit plissé

En alternant plis en creux et plis en relief, un abat-jour de petit diamètre prend du volume.

1

- Utiliser une bande de polyphane de 78 x 13 cm (épaisseur = 25/100), un tissu blanc de 85 x 20 cm et une pince pour ampoule ronde (Ø = 7 cm).
- Reproduire treize fois le patron de l'abat-jour (voir page 95). Pour la réalisation, se reporter au montage de l'abat-jour cité pages 50 à 53.

PATRONS

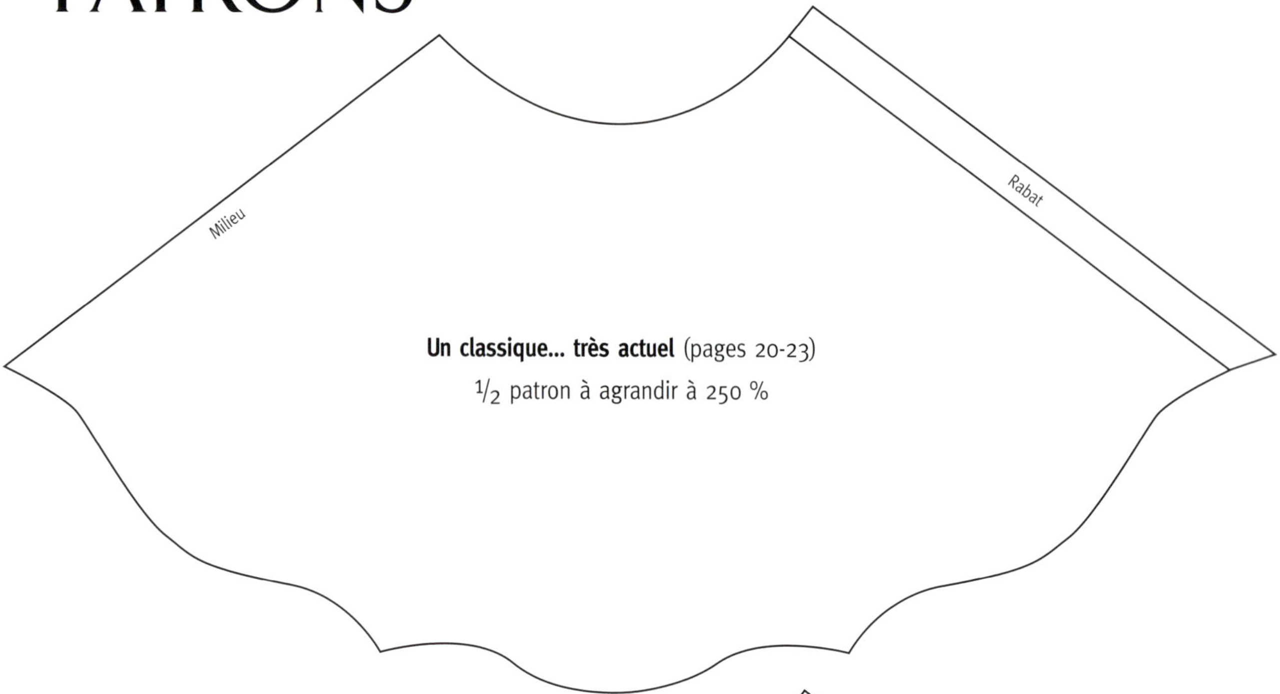

Un classique... très actuel (pages 20-23)

$^1/_2$ patron à agrandir à 250 %

La charlotte à col (page 25)

$^1/_2$ patron de l'abat-jour à agrandir à 250 %

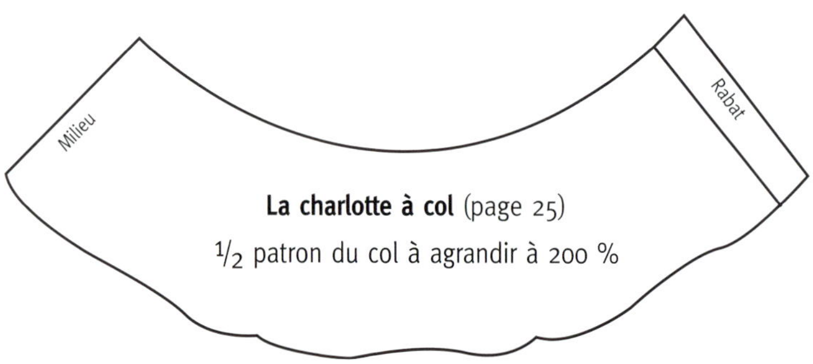

La charlotte à col (page 25)

$^1/_2$ patron du col à agrandir à 200 %

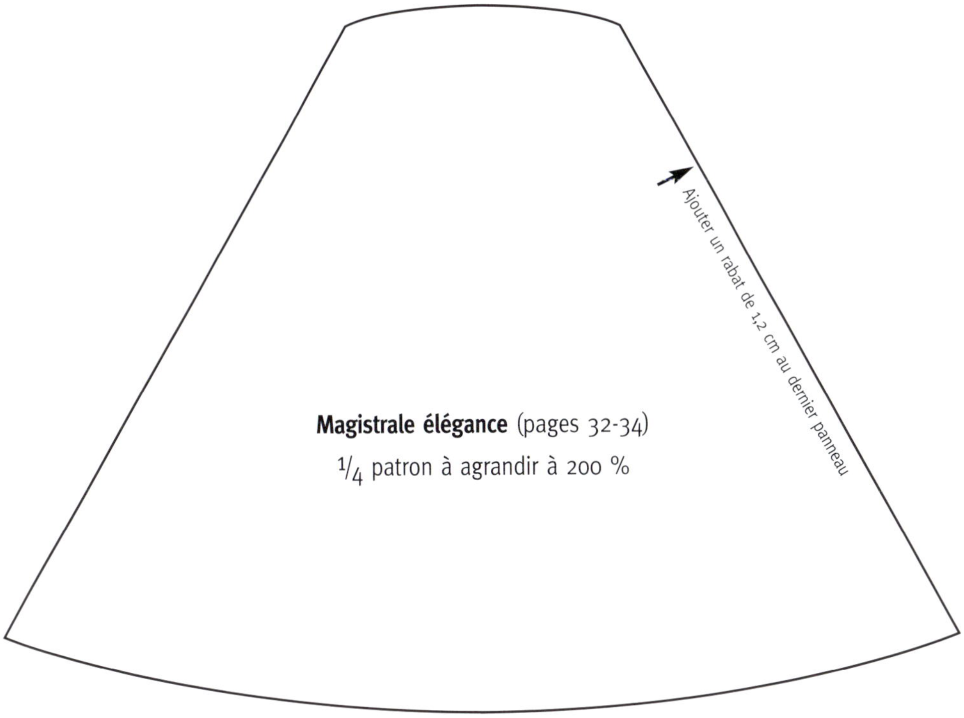
Ajouter un rabat de 1,2 cm au dernier panneau
Magistrale élégance (pages 32-34)
1/4 patron à agrandir à 200 %

Le godron festonné (page 31)
À agrandir à 250 % et à reproduire 6 fois

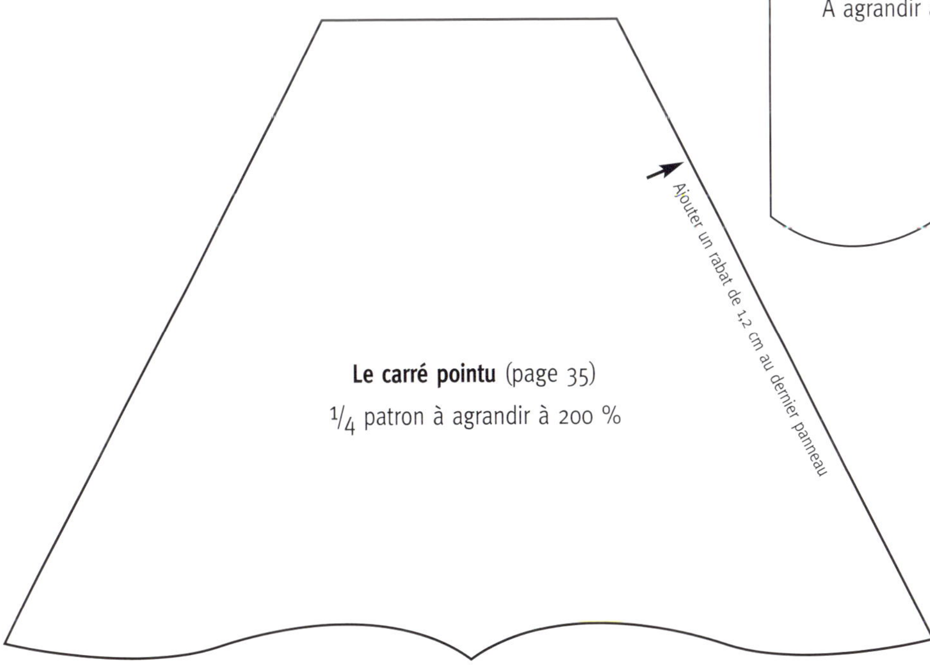
Ajouter un rabat de 1,2 cm au dernier panneau
Le carré pointu (page 35)
1/4 patron à agrandir à 200 %

Milieu
Le charleston (pages 72-73)
1/2 patron (partie A) à agrandir à 250 %

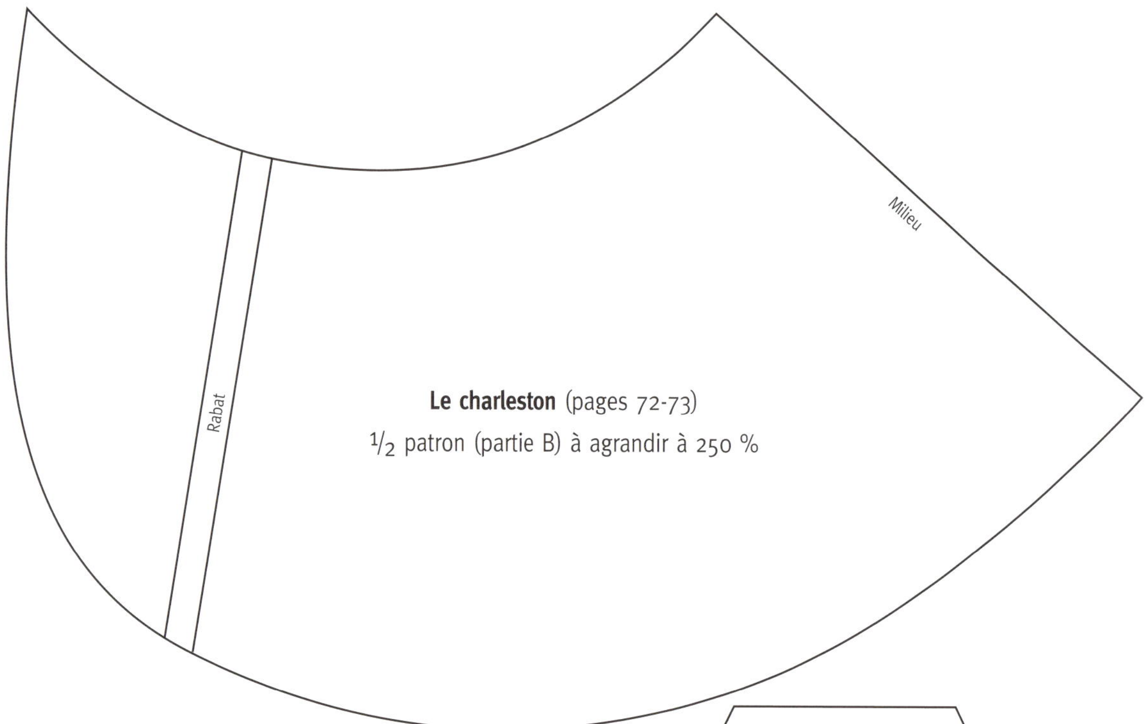
Rabat
Milieu
Le charleston (pages 72-73)
1/2 patron (partie B) à agrandir à 250 %

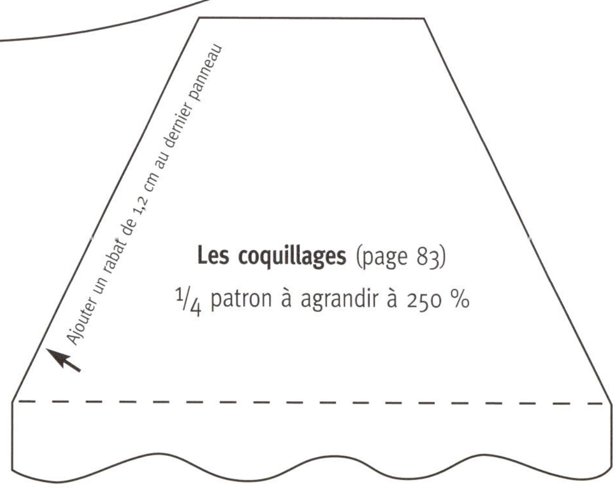
Ajouter un rabat de 1,2 cm au dernier panneau
Les coquillages (page 83)
1/4 patron à agrandir à 250 %

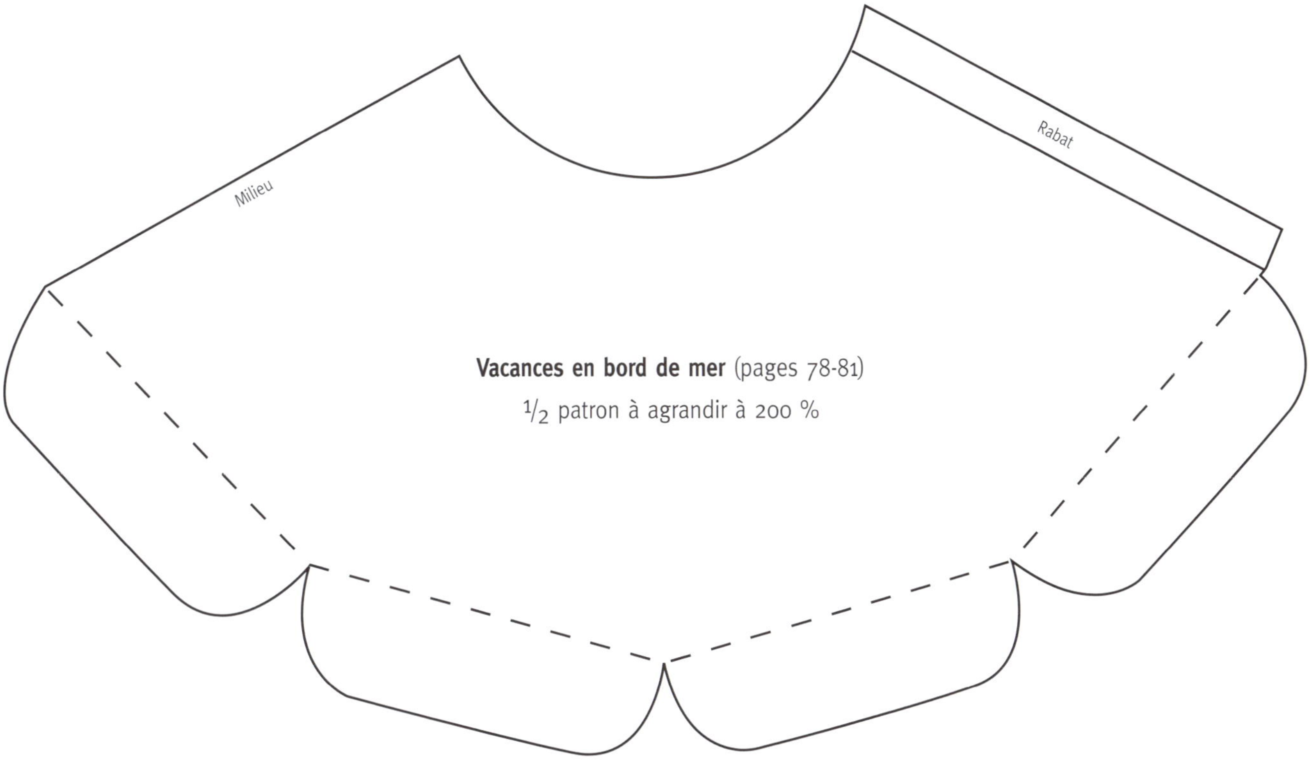
Milieu
Rabat
Vacances en bord de mer (pages 78-81)
1/2 patron à agrandir à 200 %

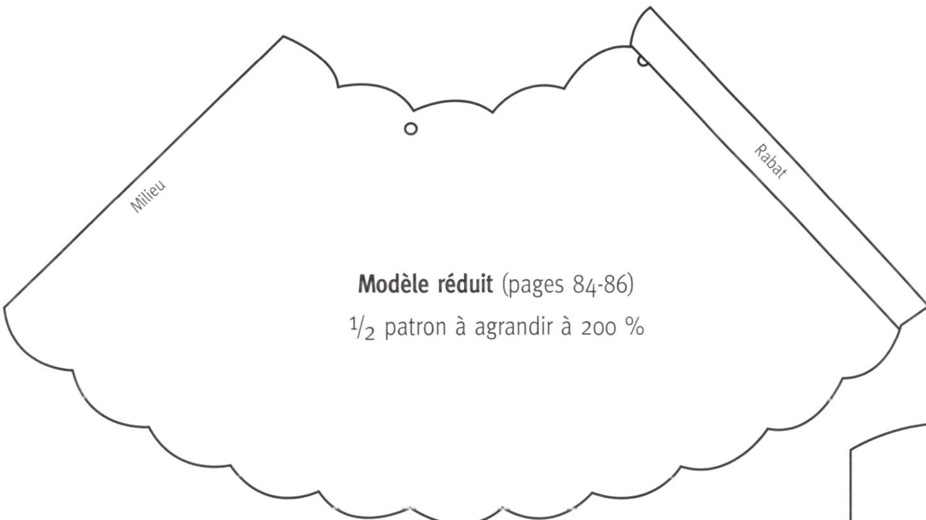
Milieu
Rabat
Modèle réduit (pages 84-86)
1/2 patron à agrandir à 200 %

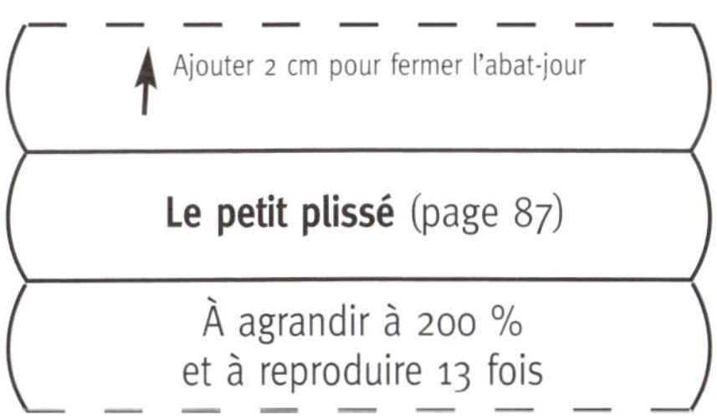
Ajouter 2 cm pour fermer l'abat-jour
Le petit plissé (page 87)
À agrandir à 200 %
et à reproduire 13 fois

Le petit godron (page 87)
À agrandir à 200 %
et à reproduire 7 fois

REMERCIEMENTS

L'auteur et l'éditeur remercient les sociétés et les magasins suivants pour leur contribution à la réalisation des lampes :

ALLIBERT
2, passage Saint-Sébastien
75011 Paris
Tél. 01 48 05 60 31

DE BRUT EN BLANC
31, rue Chaptal
92300 Levallois-Perret
Tél. 01 47 58 79 90

PIERRE FREY
1 - 2, rue de Furstenberg
75006 Paris
Tél. 01 46 33 73 00

IBOR DECO
c/ Julian Gayarre, 17
20301 Irun
Guipuzcoa
Espagne
Tél. +34 943 614 688

A. JACQUEMIN & FILS
11 ter, rue Lacuzon
39200 Saint-Claude
Tél. 03 84 45 12 44

MOKUBA
18, rue Montmartre
75001 Paris
Tél. 01 40 13 81 41

OMNIBOIS
24, rue de Cauville
76100 Rouen
Tél. 02 35 72 55 06

POUBLAN S.A.
70, rue Amelot
75011 Paris
Tél. 01 43 38 43 43

A.J. RELIANCE
51, avenue de l'aérodrome
94310 Orly
Tél. 01 48 90 43 92

Nous remercions également tous ceux qui ont contribué à donner du charme à la composition des photos d'ambiance :

BECARA
38, rue du Général de Gaulle
83980 Le Lavandou
Tél. 04 94 15 09 02
pour le plat à olives du thème « Un air de Provence »

MADURA
66, rue de Rennes
75006 Paris
Tél. 01 45 44 71 30
pour les nappes des thèmes « Magistrale élégance » et « Un air de Provence »

VACROUX FROMAGERIE
5, rue Daguerre
75014 Paris
Tél. 01 43 22 09 04
pour la poule en lin du thème « À la ferme »

Mais aussi les habitants de la Maison jaune qui ont eu la gentillesse de mettre leurs appartements à notre disposition.